SUEÑOS

Título original: *Dreams. Your Personal Guide*

Publicación del original en 2022 por Wellfleet Press, un sello editorial de The Quarto Group

Edición: Rage Kindelsperger
Dirección creativa: Laura Drew
Dirección editorial: Cara Donaldson
Diseño de portada e interiores: Ashley Prine/Tandem Books
Coordinación editorial: Elizabeth You

Producción de la edición española:
Traducción: Anna Moreno Font para Delivering iBooks & Design
Redacción y maquetación: Delivering iBooks & Design, Barcelona

Distribución exclusiva de la edición española:
Librero IBP S. L.
C/ Paseo de los Olmos, n.º 20
Planta 1.ª, Oficina 7
28005 Madrid, España
www.librero-ibp.es

ISBN: 978-84-1154-057-5
Impreso en China

MIXTO
Papel | Apoyando la silvicultura responsable
FSC® C016973

SUEÑOS

Su guía personal

Angela Mogridge

Librero

ÍNDICE

INTRODUCCIÓN

Está volando por encima de su casa cuando, de pronto, se encuentra en medio de una conversación profunda con un pariente que falleció hace mucho tiempo, no sin antes darse cuenta de que su casa está en llamas y va a tener que salvar a todo el mundo: así es una noche cualquiera en el mundo de los sueños.

Todos soñamos, casi seguro que cada noche; a veces recordamos los sueños vívidamente, y otras no conseguimos acordarnos de nada. Algunos sueños nos acompañan durante un periodo de tiempo considerable y pueden hacernos sentir incómodos y vulnerables. Otros hacen que nos sintamos felices, motivados o decididos a cambiar algo. Muchos nos dejan preguntándonos cuál será su significado, con poco sentido lógico para nuestra mente consciente.

Para ser algo que hacemos cada noche y que puede tener tal impacto sobre nuestras emociones y nuestro bienestar mental, hay muy pocas cosas que podamos afirmar con total seguridad sobre el tema. Lo que sí sabemos con certeza es que resulta fascinante y que abre un gran número de interrogantes.

Durante siglos, la gente se ha preguntado por el significado de los sueños. Las primeras civilizaciones pensaban que los sueños eran un vínculo entre nuestro mundo y el de los dioses, mientras que los griegos y los romanos creían que los sueños tenían poderes proféticos y predecían el futuro. En el siglo XIX se dieron los primeros pasos para investigarlos, de la mano de la psicología y la ciencia.

En este libro se plantean algunas de esas preguntas y se intenta dar respuestas a partir de diversas fuentes. Además, también se incluye un directorio de sueños muy completo para que pueda entender el significado de algunos de los sueños más extraños que haya tenido.

Al final de este viaje tendrá una mejor compresión de lo que son los sueños, tanto de la ciencia que los sustenta como del misticismo que los acompaña.

Algunas preguntas frecuentes sobre los sueños

Empecemos con una ronda rápida en la que plantearemos las preguntas básicas que todo el mundo tiene sobre los sueños y trataremos de darles respuesta.

¿Por qué soñamos?

Quizá esta sea la pregunta más difícil de responder. Neurocientíficos, psicólogos, guías espirituales, místicos... todos tienen sus propias explicaciones y teorías sobre por qué soñamos, muchas de las cuales veremos a lo largo de este libro.

¿Qué es un sueño?

Un sueño puede describirse como una serie de imágenes y visiones dramatizadas que se producen en nuestra mente durante determinadas fases del sueño, concretamente durante la fase de los *movimientos oculares rápidos*, conocida como fase REM por las siglas en inglés (*rapid eye movement*). En nuestro viaje a través de esta exploración del fenómeno de los sueños, aprenderemos las etapas por las que pasan nuestra mente y nuestro cuerpo durante el sueño y lo que le ocurre a nuestro cerebro cuando soñamos.

¿Por qué a veces no me acuerdo de lo que he soñado?

A veces *podemos* recordar nuestros sueños, pero otras solo recordamos fragmentos de los mismos, y puede que pasen horas desde que nos despertamos hasta que recordamos partes de un sueño. Incluso hay veces en que no estamos seguros de si un recuerdo es real o solo un sueño. Según los estudios científicos, es más probable que recuerde un sueño si se despierta durante la fase de sueño REM.

¿Cuánto duran los sueños?

Un sueño puede durar desde unos segundos hasta treinta minutos. Las personas que se dedican a la investigación del sueño creen que la persona media tiene de tres a cinco sueños por noche, y algunas personas llegan a tener hasta siete. A lo largo de la vida, el tiempo que una persona pasa soñando puede llegar a los seis años.

¿Existen diferentes tipos de sueños?

Es probable que haya tantos tipos de sueños como soñadores. A lo largo de nuestra vida, todos experimentamos sueños de muchos tipos. Hay sueños fantásticos, que parecen no tener nada que ver con la vida real; sueños lógicos y prácticos, que son una reproducción exacta del día a día; sueños que nos hacen sentir felicidad, tristeza, miedo o inquietud, y muchos más.

¿Qué son las pesadillas?

Las pesadillas son sueños que provocan sentimientos de miedo y pánico, y que a menudo nos hacen despertar de repente, ¡a veces con un grito! En ocasiones, las pesadillas pueden estar causadas por el estrés, la ansiedad o el trastorno de estrés postraumático (TEPT), pero también puede producirse sin tener un origen o causa obvia.

Los pequeños suelen tener más pesadillas que los adultos, pero la gran mayoría de personas las experimentan en algún momento de su vida. Si las pesadillas son especialmente horribles, suelen denominarse «terrores nocturnos», y pueden provocar trastornos como el sonambulismo, el insomnio (es decir, la incapacidad para empezar a dormir o para seguir durmiendo) o las parálisis del sueño (la sensación de estar despierto pero no poder moverse).

¿Qué son los sueños lúcidos?

Los sueños lúcidos pueden ocurrir durante las últimas fases del sueño REM, en las que uno es consciente de que está dormido pero puede, hasta cierto punto, controlar lo que ocurre en el sueño. Algunas personas buscan aprender a soñar lúcidamente, bajo la creencia de que, entre otras cosas, los sueños lúcidos aumentan la confianza y la creatividad.

¿Tienen significado los sueños?

Se trata de una pregunta casi tan difícil de responder como la cuestión: «¿Cómo y por qué soñamos?», y existen casi el mismo número de teorías y opiniones. En el capítulo seis de este libro, encontrará información sobre lo que pueden significar los sueños más comunes.

¿Sueñan los animales?

Todos los mamíferos experimentan la fase REM mientras duermen, por lo que todos pueden soñar. En las 7-9 horas en las que duermen cada noche, los humanos experimentan unas 2 horas de REM. En comparación, los gatos duermen una media de 13 horas al día, llegando a tener hasta 8 horas de REM. Según algunos estudios, los elefantes africanos duermen solo 2 horas al día, por lo que a veces no alcanzan la fase REM. Y algunos animales, como los delfines, solo utilizan la mitad del cerebro para dormir, por lo que pueden seguir nadando mientras duermen.

VISIÓN DURANTE EL SUEÑO

Los ciegos que pierden la vista antes de los siete años suelen soñar con sentidos que no son la vista.

No todas las personas videntes sueñan en color; algunas sueñan siempre en blanco y negro.

¿Y los bebés?

No es de extrañar que, dado que los bebés pasan más de la mitad de su tiempo durmiendo, sean grandes soñadores. Como no pueden contar lo que han soñado, se trata de un campo de difícil investigación. Los estudios sugieren que los niños empiezan a soñar de forma similar a los adultos entre los tres y los siete años. En cambio, se cree que las personas mayores pasan menos de una quinta parte de su tiempo dormidas, con el consiguiente descenso del tiempo que pasan soñando.

Con esto hemos cubierto los conceptos básicos relacionados con el sueño.
En las siguientes páginas, encontrará mucha más información para profundizar sobre algunos de estos temas.

❋ ❋ ❋

PARTE I

TEORÍA DEL SUEÑO

1

LA CIENCIA DE LOS SUEÑOS

Para entender cómo soñamos y la ciencia que se encarga del estudio del sueño, es necesario hacer una breve presentación de nuestro cerebro.

El cerebro es uno de los órganos más grandes y complicados del cuerpo humano. Comprende muchas áreas diferentes, que colaboran juntas a pesar de que cada una de ellas realiza una tarea especializada:

- El **córtex** es la capa más externa de las células cerebrales y controla el pensamiento y los movimientos voluntarios.
- El **tronco encefálico**, situado entre la médula espinal y el resto del cerebro, controla la respiración y el sueño.
- Los **ganglios basales** son un conjunto de estructuras situadas en el centro del cerebro que coordinan los mensajes cerebrales.
- El **cerebelo**, situado en la base y la parte posterior del cerebro, es responsable de la coordinación y el equilibrio.
- El **sistema límbico** está formado por la amígdala y el hipocampo, situados en la parte superior del tronco encefálico. Las partes del sistema límbico son responsables de las emociones y la motivación.
- El cerebro también está dividido en varios lóbulos:
  - Los **lóbulos frontales** son responsables de la resolución de problemas, la toma de decisiones y la función motora.
  - Los **lóbulos parietales** controlan las sensaciones, la escritura a mano y la posición del cuerpo.
  - Los **lóbulos temporales** son responsables de la memoria y la audición.
  - Los **lóbulos occipitales** contienen el sistema de procesamiento visual del cerebro.

La biología de los sueños

Al final de su viaje con esta guía de los sueños, se habrá dado cuenta de que hay muy poco acuerdo sobre distintos aspectos de los mismos, como su significado, su función y sus posibles beneficios. Sin embargo, gracias a una mayor comprensión científica del fenómeno del sueño, sí se ha llegado a un acuerdo general sobre cómo soñamos. Mientras dormimos, nuestro cuerpo y nuestra mente pasan por cinco etapas diferentes:

Cuando nos quedamos dormidos en la fase uno, el movimiento de nuestros músculos se ralentiza y, a medida que nuestra respiración y ritmo cardíaco

ANATOMÍA CEREBRAL

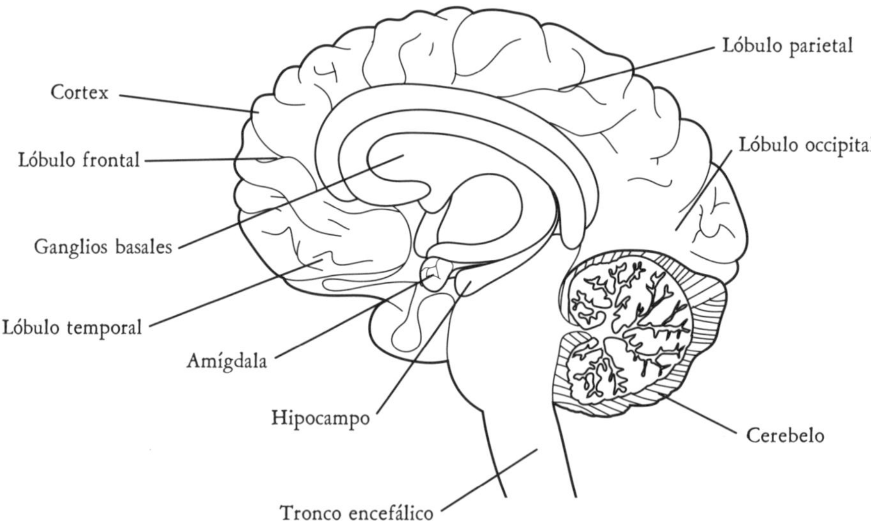

disminuyen, pasamos a la fase dos. Las etapas uno y dos de nuestro ciclo de sueño duran en total unos treinta minutos, y durante ellas es fácil que nos despertemos. Los músculos y las ondas cerebrales siguen ralentizándose a medida que nos adentramos más y más en un sueño profundo. Sin embargo, en la quinta fase, nuestro ritmo cardíaco aumenta, nuestras ondas cerebrales se aceleran y, tras los párpados cerrados, nuestros ojos se mueven rápidamente.

Es en esta fase, que se produce unos ochenta minutos después de quedarnos dormidos, cuando empezamos a soñar. Pasamos entre el 15 y el 35 por ciento de nuestro sueño en la fase cinco, lo que significa que tenemos unos cuatro o cinco periodos de REM cada noche. El primer periodo REM de la noche suele durar unos diez minutos, y cada sesión REM posterior dura cada vez más tiempo, llegando la última a durar hasta una hora. Los sueños pueden ocurrir durante otras fases del sueño, pero serán menos vívidos y menos memorables.

Ondas cerebrales

Las ondas cerebrales constituyen el flujo y los cambios de los impulsos eléctricos que recorren nuestro cerebro. A menudo hablamos de ondas cerebrales como si fueran todas iguales, cuando en realidad hay cinco tipos: gamma, beta, alfa, theta y delta (de mayor a menor frecuencia). Cada una de estas ondas tiene un propósito específico y hace que nos comportemos y pensemos de formas diferentes. Estas ondas cerebrales no se detienen solo porque estemos dormidos: de hecho, trabajan con la misma intensidad que cuando estamos despiertos. La capacidad de nuestro cerebro para ser flexible y pasar de un estado de ondas cerebrales a otro sin problemas afecta a la forma en que afrontamos el estrés, la concentración e incluso el sueño. Nuestro cerebro pasa de un tipo de onda cerebral a otro y viceversa a lo largo del día; dependiendo de nuestro estado de conciencia, uno de los tipos será más dominante que los otros.

Ondas gamma

- Son importantes para el aprendizaje, la memoria y el procesamiento de la información.
- Las personas con dificultades de aprendizaje tienden a tener una menor actividad gamma que otras.
- Puedes aumentar tus ondas gamma a través de la meditación.
- Demasiada actividad gamma puede provocar ansiedad y estrés.
- Demasiada poca puede provocar depresión y problemas de aprendizaje y memoria.

Ondas beta

- Son fundamentales para el pensamiento consciente y lógico.
- El café, las bebidas energéticas y los estimulantes aumentan las ondas beta.
- Demasiada actividad beta puede provocar una gran excitación, ansiedad, estrés, alta adrenalina e incapacidad para relajarse.
- Una actividad beta demasiado baja puede causar depresión, ensoñación o falta de función cognitiva.

Ondas alfa

- Las ondas alfa nos ayudan a calmarnos y relajarnos.
- Son el puente entre el estado de consciencia despierta y el sueño subconsciente.
- Si estamos muy estresados, podemos experimentar bloqueos de ondas alfa, durante los que hay una actividad excesiva de ondas beta e insuficiente de ondas alfa.
- Demasiada actividad alfa puede provocar ensoñación, letargo y una sensación de relajación excesiva.
- Una actividad alfa insuficiente puede provocar ansiedad, insomnio y estrés.
- El alcohol, la marihuana y algunos antidepresivos aumentan las ondas alfa.

Ondas theta

- Las ondas theta están relacionadas con la ensoñación y el sueño reparador, las emociones y los sentimientos profundos.

- Una cantidad saludable de actividad theta mejora la intuición de una persona y su creatividad, y puede llevar a un estado de relajación profunda y semihipnótica a veces.
- Demasiada actividad theta puede resultar en hiperactividad, impulsividad y falta de atención.
- Una actividad insuficiente de las ondas theta puede provocar estrés, ansiedad y angustia emocional.

Ondas delta

- Son las más lentas de las cinco ondas cerebrales y son más activas en niños y bebés.
- A medida que envejecemos, tendemos a producir cada vez menos ondas delta.
- Se asocian con la relajación profunda y el sueño reparador. También ayudan a regular los latidos del corazón y la digestión mientras dormimos.
- Las ondas delta son responsables de esa agradable sensación que a veces tenemos cuando nos sentimos plenamente renovados tras un buen sueño.
- Una lesión cerebral puede provocar un exceso de actividad de las ondas delta. El exceso de ondas delta también puede provocar dificultades de aprendizaje y falta de concentración.
- Una actividad insuficiente de las ondas delta puede provocar problemas en el sueño y el sistema inmune, y una sensación generalizada de agotamiento.
- Dormir puede aumentar las ondas delta.

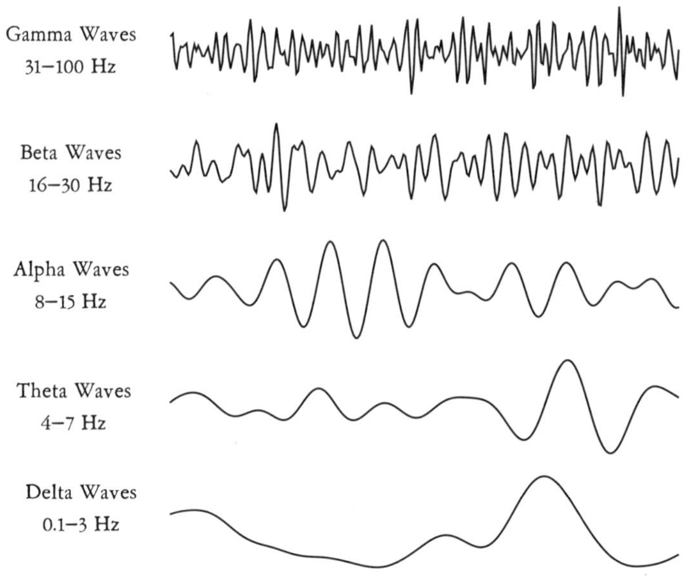

Por qué soñamos

Aunque la ciencia aún no ha dado una respuesta definitiva a la pregunta de por qué soñamos, existen varias teorías interesantes.

La teoría de la simulación de amenazas

Una de las teorías considera el sueño como un antiguo mecanismo biológico de defensa intracerebral que ha permitido a los seres humanos sobrevivir y evolucionar. Algunos científicos sostienen que, cuando estamos dormidos, nuestros cerebros simulan repetidamente amenazas y situaciones que ponen en peligro nuestra supervivencia y nuestra sensación de seguridad. Esta repetición aumenta las capacidades neurocognitivas que nos permiten percibir y evitar amenazas y peligros. Así que, en esencia, las pesadillas o los sueños que evocan una situación de peligro nos ayudan a mantenernos alerta ante los peligros que nos rodean y nos permiten buscar seguridad cuando nos vemos amenazados.

Cuantos más situaciones de amenaza reales experimente una persona mientras está despierta, mayor será su respuesta de simulación y mayor la probabilidad de que tenga sueños agresivos y aterradores. Así parece confirmarlo un estudio realizado por un equipo finlandés dirigido por Katja Valli. El equipo

analizó el contenido de los sueños de niños refugiados kurdos gravemente traumatizados y de niños finlandeses no traumatizados. La incidencia de sueños graves y amenazadores fue muy superior en los niños gravemente traumatizados que en los niños no traumatizados.

Hipótesis de activación-síntesis

Allan Hobson y Robert McCarley, científicos de la universidad de Harvard, publicaron el modelo de activación-síntesis en 1977. Esta teoría afirma que los sueños no significan nada en realidad, sino que son meros impulsos eléctricos cerebrales que reúnen imágenes, recuerdos y pensamientos aleatorios mientras dormimos. Un sueño, por lo tanto, sería tan solo el intento de nuestro cerebro de dar sentido a toda esta actividad subconsciente. Nuestro cerebro está activo incluso cuando dormimos (*véase* el apartado anterior sobre las ondas cerebrales). La mezcla de imágenes y pensamientos es parte de una forma de «hacer limpieza» durante el sueño, para organizar y archivar toda la actividad neuronal estimulada durante el día.

Cuando dormimos, especialmente cuando alcanzamos la fase REM, se activan circuitos cerebrales específicos que hacen que el sistema límbico se vuelva más activo. Se estimulan especialmente las partes del sistema límbico relacionadas con las emociones, los sentimientos y los recuerdos. La hipótesis de la activación-síntesis especula con que el cerebro está programado para dar significado a las cosas, y es ese intento de dar significado a los sentimientos, emociones y recuerdos activados lo que da lugar a los sueños. Al despertar después de un sueño, las personas construyen lo que se conoce como «historias oníricas», o interpretaciones de sus sueños, para darles su propio sentido y significado.

Según Hobson, la mayoría de los sueños comparten cinco características:

1. **Emociones intensas.** A veces, nuestros sueños pueden suscitar emociones intensas, en particular ansiedad, miedo o incluso sorpresa. Estas pueden interrumpir nuestro sueño y despertarnos bruscamente.
2. **Desorganización y exclusión de la lógica.** Muchos de nuestros sueños son sencillamente extraños: no tienen principio ni final, son incoherentes en el tiempo y el espacio e implican a grupos de personas que no se conocen en el mundo real.
3. **Aceptación del contenido extraño del sueño.** Mientras soñamos, tendemos a aceptar lo que ocurre y no cuestionamos su lógica. Así, aunque al despertar podamos sentir confusión e incluso curiosidad durante un rato (si recordamos el sueño), es probable que pasemos página con bastante rapidez sin investigar más a fondo el contenido del sueño.
4. **Sensaciones extrañas.** Las personas que sueñan suelen experimentar sensaciones extrañas, desde la capacidad de volar hasta la sensación de caer por un precipicio, pasando por la imposibilidad de moverse. A menudo sentimos sensaciones que no experimentamos en nuestra vida consciente.
5. **Dificultad a la hora de ser recordado.** El recuerdo de un sueño disminuye rápidamente al despertar. El 95 % de los sueños se olvidan al despertar.

> El cerebro está tan profundamente empeñado en la búsqueda de significados que los atribuye e incluso los genera cuando los datos que se le pide que procese tienen poco o ningún significado.
>
> —Allan Hobson

Teoría del procesamiento de la información

George Miller desarrolló la teoría del procesamiento de la información en los años cincuenta. La idea compara el cerebro humano con un ordenador y afirma que la información que damos al cerebro (emociones, imágenes, sentimientos, experiencias) se filtra después en nuestros recuerdos a corto y largo plazo. Según Miller, estos recuerdos se organizan y archivan en nuestro cerebro mientras dormimos, así que los sueños serían la manera en la que nuestro cerebro organiza nuestros recuerdos. Esta teoría también se conoce como teoría de la autoorganización, ya que clasifica nuestros recuerdos según su importancia o valor. Así, cuando soñamos, los recuerdos útiles, buenos, importantes o valiosos se hacen más sólidos, mientras que los menos valiosos se desvanecen.

El trabajo de Miller ha dado lugar a otras investigaciones, como estudios que han descubierto que mejoramos nuestras habilidades en tareas complejas cuanto más soñamos con ellas. Así, por ejemplo, podemos llegar a ser mejores conductores si el aprendizaje de la conducción ocupa un lugar destacado en nuestros sueños. Esto tiene sentido, dado que otros estudios han descubierto que durante el sueño REM (la fase del sueño en la que se producen los sueños), predominan las ondas theta de baja frecuencia, al igual que cuando aprendemos y recordamos información cuando estamos despiertos. Sin embargo, no todos los neurobiólogos comparten esta opinión.

Aprendizaje inverso

En 1983, Francis Crick y Graeme Mitchison propusieron que el sistema de memoria del cerebro se sobrecarga con facilidad (piensa en la cantidad de cosas distintas que haces cada día y la cantidad de información adicional que el cerebro, por lo tanto, tiene que procesar). Como resultado, nuestros cerebros se llenan de

lo que ellos llamaron «desechos cognitivos», el exceso de datos que satura los sistemas cerebrales. Para eliminar estos residuos cognitivos, los humanos experimentan una fase de sueño REM con gran cantidad de sueños. La conclusión a la que llegaron Crick y Mitchison, por lo tanto, fue que los sueños no tienen otra función que la de ayudar a limpiar el cerebro de recuerdos innecesarios. Como afirmaron Crick y Mitchison, «soñamos para olvidar», una forma de aprendizaje inverso, mediante el que desaprendemos las experiencias que no necesitamos recordar.

Teoría de la regulación emocional

Esta teoría afirma que soñamos para ayudarnos a manejar nuestras emociones en un espacio seguro, que es cuando dormimos. Durante los sueños especialmente vívidos, la amígdala y el hipocampo de nuestro cerebro están muy activos. Estas son las dos zonas del cerebro más estrechamente relacionadas con el procesamiento de la información y su traslado de la memoria a corto plazo a la memoria a largo plazo. Por lo tanto, la idea es que utilizamos el tiempo de sueño para ordenar nuestras emociones y recuerdos, y transferir a la memoria a largo plazo los que no nos son útiles en ese momento. Esta hipótesis se ha visto confirmada por investigaciones similares, que han encontrado un vínculo entre nuestra capacidad para controlar y procesar nuestras emociones y la cantidad de sueño REM que tenemos. Así pues, parece que cuanto más profundamente dormimos y más veces entramos en la fase REM (y, por tanto, más soñamos) mejor controlamos nuestras emociones.

Una última teoría biológica que queremos incluir es la de que los sueños son una respuesta a estímulos externos. Por ejemplo, un ruido del mundo real, como el ladrido de un perro o el llanto de un bebé mientras dormimos, no siempre nos despierta. Sin embargo, a veces el ruido externo hace que nuestro cerebro intente interpretarlo y entenderlo, y esto crea sueños en los que existen esos ruidos o el origen de estos.

2

LA PSICOLOGÍA DE LOS SUEÑOS

Los psicólogos han estudiado los sueños y sus causas, funciones y significados durante cientos de años. Cada una de las principales escuelas de pensamiento, así como algunos psicólogos muy conocidos, tienen su propia forma de explicar los sueños y su origen.

El enfoque psicodinámico

El enfoque psicodinámico es una teoría psicológica vinculada a Sigmund Freud (1856-1939) y a sus seguidores. Según esta teoría, el comportamiento humano se basa en la interacción de impulsos y fuerzas conscientes e inconscientes dentro de un individuo. Un principio básico del enfoque psicodinámico es que nuestro comportamiento, emociones y sentimientos se ven afectados por motivos inconscientes y nuestras experiencias pasadas, cuyos recuerdos se almacenan en nuestras mentes inconscientes.

Freud era psicoanalista, y sus teorías se basan en las experiencias de los pacientes que acudían a él en busca de terapia para la depresión y los trastornos

Sigmund Freud

de ansiedad. Entre otras cosas sobre las que el enfoque psicodinámico tenía teorías, los sueños eran de especial interés para Freud. En su famoso libro *La interpretación de los sueños* (1899), afirmaba que los sueños eran «erupciones» simbólicas de nuestro inconsciente profundo. En otras palabras, Freud creía que nuestros verdaderos deseos están ocultos en nuestro inconsciente y que estos deseos reprimidos encuentran expresión en nuestros sueños.

Freud pensaba que había dos interpretaciones disponibles para cada sueño que tenemos, que son el «contenido manifiesto» (el contenido que recordamos al despertar) y el «contenido latente» (el significado real y subyacente del sueño). Afirmaba que un analista o intérprete de sueños podía diferenciar entre ambos, por lo que buscar la interpretación de un sueño era algo que merecía la pena. Además, afirmaba que cada sueño tiene una conexión, por pequeña que sea, con algo que la persona ha experimentado. Por último, consideraba que los sueños estaban hechos de «rompecabezas de imágenes» que, mediante la interpretación, podían formar una «fase poética de la mayor belleza e importancia».

La mayoría de las personas tienen varios sueños en una noche, y Freud afirmaba que existe una conexión en el contenido de todos los sueños que ocurren en una misma noche. Cada sueño es una parte del mismo todo, cada uno conectado deseos y experiencias inconscientes. Curiosamente, creía que el primer sueño de la noche era probablemente el más distorsionado (y, quizá, el menos memorable) y que cada sueño posterior se volvía más y más claro y evidente a medida que la noche avanzaba.

> La interpretación de los sueños es el camino real hacia el conocimiento de las actividades inconscientes de la mente.
>
> – Sigmund Freud

El enfoque cognitivo

La psicología cognitiva estudia la forma en que pensamos y entendemos las cosas. Por ejemplo, Calvin Hall (1909-1985) recopiló más de 50 000 registros de sueños a lo largo de varios años, procedentes de todo el mundo. De su investigación dedujo que los sueños representan cómo nos vemos a nosotros mismos, qué opinamos de los demás y cómo entendemos el mundo. En su famosa obra *El significado de los sueños* (1966), afirmaba que «las imágenes de un sueño son la encarnación concreta de los pensamientos de la persona que sueña; estas imágenes dan expresión visual a lo que es invisible, es decir, a las concepciones».

Hall identificó cinco estructuras cognitivas y actitudes que los sueños pueden revelar:

1. **Concepción de uno mismo**: cómo nos vemos a nosotros mismos; el papel que desempeñamos en la vida.
2. **Concepción de los demás**: cómo vemos a las personas que forman parte de nuestra vida, cómo reaccionamos ante sus necesidades.
3. **Concepción del mundo**: nuestro entorno, dónde vivimos, cómo vivimos.
4. **Concepción de los castigos:** ¿qué está permitido? ¿Qué es aceptable? ¿Qué está prohibido?
5. **Concepción del conflicto:** nuestra discrepancia interior y cómo luchamos para resolverla.

Pongamos, por ejemplo, que sueña que pierde todos los dientes. Mientras que, según algunas teorías, podría descartarse como un sueño sin sentido, desde el enfoque cognitivo podríamos llegar a la conclusión de que el sueño está relacionado con la idea que tiene de usted mismo, y podría mostrarle que le preocupa su aspecto y perder su atractivo.

El enfoque humanista

El enfoque humanista de los sueños tiene algunas similitudes con el enfoque psicodinámico que hemos visto anteriormente. Los defensores de ambos creen que soñar tiene que ver con el yo smás profundo de la persona. Sin embargo, los humanistas consideran que los sueños tienen un significado único para cada individuo, por lo que no es posible generalizar sobre su significado. Afirman que, en nuestra vida consciente, intentamos constantemente mejorarnos y alcanzar todo nuestro potencial. Además, a menudo intentamos dar sentido a un mundo confuso y poner orden en nuestras vidas. Estas cosas se trasladan a nuestro mundo onírico, donde a menudo tenemos que enfrentarnos a un peligro o afrontar un reto, e intentamos inconscientemente poner orden y dar sentido y significado a nuestros sueños.

El enfoque conductista

El enfoque conductista no se basa en procesos mentales que no puedan observarse. Por lo tanto, a diferencia de otras escuelas de pensamiento psicológico, los conductistas no se centran en los recuerdos o deseos representados por los sueños. Por el contrario, un conductista ve un sueño como una respuesta individual a la estimulación ambiental, como el ruido, las vibraciones, la incomodidad o incluso el clima.

Carl Jung y los sueños

Carl Jung (1875-1961), psicoanalista y colaborador de Sigmund Freud, estaba fascinado por el estudio de los sueños. Al principio, creía que la mente, el cuerpo y los sentimientos trabajaban juntos en sincronía y formaban lo que él denominó «la psique», y propuso que los sueños formaban parte de esta psique. Jung consideraba que una persona sana (tanto física como mentalmente) debía estar en equilibrio. De lo contrario, la persona sufriría de enfermedades como la depresión. Así, la psique se consideraba como un «sistema autorregulado» en el que todos los elementos (pensamientos, sentimientos, cuerpo) tenían una finalidad.

Carl Jung

> Los sueños son productos imparciales y espontáneos de la psique inconsciente, fuera del control de la voluntad. Son naturaleza pura, nos muestran la verdad natural sin ambages y, por lo tanto, son ideales, como nada más, para devolvernos una actitud acorde con nuestra naturaleza humana básica cuando nuestra conciencia se ha alejado demasiado de sus fundamentos y se encuentra en un callejón sin salida.
>
> – Carl Jung

Carl Jung veía los sueños como un intento de la psique de comunicar algo a la persona que soñaba, por lo que les dio un gran valor a los sueños. No estaba de acuerdo con la conclusión de Freud de que los sueños se referían a deseos ocultos y reprimidos. Por el contrario, Jung consideraba que los sueños expresaban cosas abiertamente. En sus palabras: «no engañan, no mienten, no distorsionan... invariablemente buscan expresar algo que el ego no conoce y no comprende».

Tampoco estaba de acuerdo con la idea de Freud de que los sueños debían ser interpretados, y proponía en cambio que nuestros sueños integran la vida consciente y la inconsciente a través de lo que denominó «individuación», es decir: los sueños son únicos para cada persona.

Puede que los psicólogos nunca se pongan de acuerdo sobre si los sueños tienen una finalidad real. Sin embargo, su interpretación aporta interesantes conocimientos sobre nuestra psicología.

❋ ❋ ❋

3

SUEÑOS Y ESPIRITUALIDAD

Mucho antes de que los científicos empezaran a investigar los sueños, varias religiones ya los exploraban a su manera. Desde los rituales de iniciación hasta la relación de los sueños con las creencias, la fe, la moral y el destino, la mayoría de las religiones ha recurrido al mundo onírico para explicar lo que a veces resulta inexplicable.

En el islam

El Islam explica que, cuando dormimos, nuestras almas abandonan parcial o temporalmente nuestros cuerpos. El acto de dormir es una pequeña muerte, en la que el cuerpo está presente y el alma se halla en otra parte.

El Islam clasifica los sueños en tres tipos:

1. Una visión o sueño verdadero que proviene de Dios.
2. Un falso sueño que proviene del diablo.
3. Un sueño estándar, sin sentido, de nuestros pensamientos subconscientes.

Una visión

Los sueños verdaderos se dan a los que son justos o a los que se beneficiarán espiritualmente de un mensaje transmitido por una visión.

Un falso sueño

Suele tratarse de una pesadilla enviada por el diablo y no debe compartirse con nadie. Se decía a los seguidores que, en caso de tener un sueño de este tipo, debían buscar refugio en Dios y escupir en seco tres veces a su izquierda y tres veces a su derecha.

Un sueño sin sentido

Se diferencia de la visión y del falso sueño por la forma en que hace sentir a quien lo recibe. Una visión hace que la persona que sueña se sienta inspirada por Dios, mientras que un falso sueño crea una sensación de miedo y ansiedad. Un sueño sin sentido, por otra parte, no conlleva ningún sentimiento significativo y probablemente no será recordado.

Déjà Vu

¿Ha tenido alguna vez la impresión de haber vivido antes algo que está pasando en este mismo momento, de haber estado en algún lugar que sabe que nunca ha visitado y que, sin embargo, le resulta familiar? ¿Ha experimentado algo por primera vez que le haya producido, sin embargo, una extraña sensación de familiaridad? El Islam ha explorado el tema del *déjà vu* con cierto detalle. Según esta creencia, el tiempo es una creación de Dios y, por lo tanto, desde el punto de vista divino, el futuro ya ha sucedido. Dios es capaz de transportar a alguien al futuro y luego devolverlo al presente. A continuación, la persona vive con normalidad hasta el momento en que experimenta de nuevo el *déjà vu* de estar en ese lugar o momento una vez más.

En el cristianismo

Uno de los puntos de vista del cristianismo es que el propósito de los sueños es acercarnos a Dios porque los sueños nos muestran cómo evitar las cosas que se interponen entre nosotros y Él. Los sueños también pueden revelarnos lo que necesitamos o hacia dónde debemos dirigirnos en la vida. Dios quiere que seamos felices y que tengamos confianza y fe en Él, así que si alguien tiene un sueño perturbador, debe rezar a Dios y pedirle una aclaración y recibirá una respuesta, aunque es posible que pase un tiempo antes de que la respuesta llegue.

En el primer libro del Nuevo Testamento se describen cuatro sueños que José recibió relacionados con el nacimiento y los primeros años de vida de Jesús. En el primero, se le dice a José que el hijo de María ha sido concebido por el Espíritu Santo y que no debe temer casarse con ella. En el segundo, se le advierte que abandone Belén y huya a Egipto. El tercer sueño le transmite que es seguro volver a Israel, y en el último se le dice que vaya a Galilea en vez de a Judea.

Justino Mártir, uno de los primeros filósofos cristianos, creía que los sueños eran enviados por espíritus. Esto le daba peso a su argumento de que el alma humana continúa viviendo tras la muerte del cuerpo. Para él, los sueños nos daban «comunicación espiritual directa con realidades no físicas». Ireneo, obispo de Lyon, estaba de acuerdo con Justino Mártir y utilizó este punto de vista para reforzar su argumento de que la reencarnación no existía. En su opinión, si la reencarnación fuera real, recordaríamos los sueños de nuestras existencias anteriores.

A lo largo de los siglos, el cristianismo fue evolucionando y los cristianos vieron los sueños desde distintos puntos de vista. Tomás de Aquino, el teólogo medieval, no creía en la importancia de los sueños. Sostenía que las únicas fuentes de conocimiento humano eran la experiencia y el pensamiento racional, no un mensaje o una visión en un sueño. Sin embargo, casi al final de su vida, cuando estaba terminando su gran obra, la Suma Teológica, tuvo una visión en sueños que interpretó como una comunicación divina directa. Esto le sacudió hasta la médula y le llevó a afirmar: «No puedo hacer más. Se me han revelado tales cosas que todo lo que había escrito me parecía paja, y ahora espero el fin de mi vida».

La Reforma supuso la división del cristianismo occidental en protestantismo e Iglesia Católica Romana. También supuso el abandono de la aceptación de los sueños y las visiones en favor de un enfoque más racional de la doctrina eclesiástica. Desde entonces, esta ha sido, en general, la visión central de la Iglesia, ya sea protestante o católica. Sin embargo, todavía hay personas dentro de la religión que piensan que Dios les habla a través de los sueños.

La revelación que dio lugar a *Amazing Grace*

En el siglo XVIII, John Newton fue un respetado miembro de la iglesia cristiana de Inglaterra, pero antes de fundar la iglesia, había sido traficante de esclavos. Al principio de su carrera como traficante de esclavos, Newton tuvo un sueño en el que se encontraba a bordo de un barco en el puerto de Venecia. Una persona se le acercaba y le daba un anillo, advirtiéndole que lo guardara si quería estar sano y feliz. En el sueño llegó una segunda persona, que lo persuadió de que tirara el anillo al agua, tras convencerlo de que no tenía sentido pensar que su felicidad dependía de un anillo. En cuanto el anillo cayó al agua, estalló un incendio en las montañas de Venecia. La segunda persona había sido un tentador que lo había convencido de que se deshiciera de la gracia de Dios, y como consecuencia, ardían frente a él los fuegos del infierno. La primera persona, sin embargo, se metió en el agua para recuperar el anillo. El fuego cesó de inmediato, y la persona declaró que no se podía confiar en que Newton conservara el anillo él mismo, pero que se lo guardaría a buen recaudo para cuando lo necesitara. Newton pronto olvidó el sueño, hasta que, años más tarde, se encontró en una situación peligrosa en la que «estaba indefenso y desesperado, al borde de una eternidad horrible». Recordó su sueño, invocó el poder del Señor y sobrevivió. Más tarde escribió la letra del famoso himno *Amazing Grace*, que hace referencia a la gracia de Dios que él mismo había experimentado.

En el hinduismo

En sánscrito, la lengua del hinduismo, el estado de sueño se conoce como *Swapna* y es uno de los cuatro estados del ser:

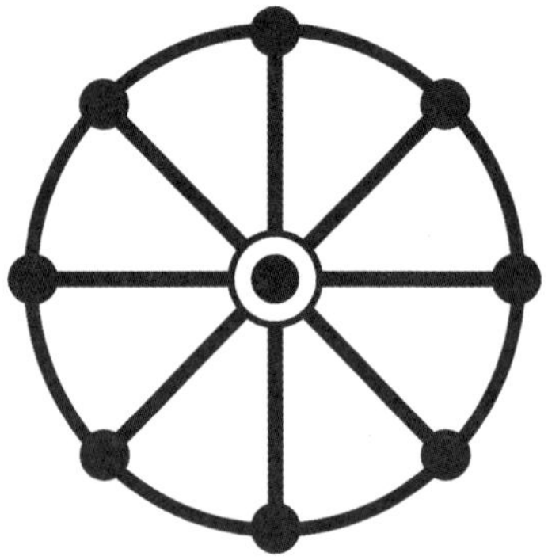

1. ***Jagrit***: despertar.
2. ***Supta***: sueño sin sueños.
3. ***Swapna***: estado de los sueños.
4. ***Turiya***: estado trascendente.

Según el hinduismo, existen siete tipos diferentes de sueños:

1. ***Drsta***: visto. Un sueño que se parece o nos recuerda a cosas que hemos visto durante nuestro estado de vigilia.
2. ***Sruta***: oído. Un sueño en el que podemos oír sonidos.
3. ***Anubhuta***: experimentado. Sueños en los que somos conscientes de nuestros cinco sentidos.
4. ***Prarthita***: deseos y anhelos internos. Cuando soñamos con algo que hemos deseado o anhelado en nuestro estado de vigilia.
5. ***Kalpita***: imaginación. Cuando nuestro sueño está lleno de fantasía y símbolos imaginativos.
6. ***Bhavita***: manifestado. Un sueño sobre algo que ha ocurrido.
7. ***Dosaja***: temperamental. Un sueño causado por un desequilibrio en los temperamentos o emociones.

Los sueños pueden clasificarse a su vez en *aphala* (que no tiene repercusión en la vida del soñador) o *phala* (que sí tiene repercusión o influencia), por un lado, y *subha* (sueño placentero) o *asubha* (sueño desagradable), por otro.

En el judaísmo

En el pensamiento judío, los sueños son significativos y también pueden ser experiencias extracorporales que transmiten mensajes importantes al receptor. El Talmud, el texto central del judaísmo, afirma que «todos los sueños van detrás de la boca». Así se define que la importancia del sueño depende de su interpretación individual. No existen, por lo tanto, los sueños positivos o negativos, porque un sueño solo *se interpreta* como positivo o negativo. Sin embargo, el Talmud también afirma que los sueños son «en una sesentava parte proféticos». Podría decirse, en consecuencia, que en el judaísmo existe una diferencia entre los sueños «ordinarios» y los sueños proféticos. Los primeros están abiertos a la interpretación, mientras que los segundos muestran a quien sueña información sobre el futuro. El Talmud también dice que un sueño que no se interpreta es lo mismo que una carta sin abrir, y que por eso Jacob, y otros receptores de sueños, deben buscar el significado de estos.

En el budismo

Una historia central del budismo gira en torno a un sueño. La reina Maya, madre de Buda, soñó que un elefante de seis colmillos le atravesaba el costado con uno de sus colmillos. Esto produjo una inmaculada concepción. La reina interpretó este sueño en el sentido de que el niño resultante (Buda) se convertiría en un monarca con dominio en todo el mundo.

Según el sabio budista Nagasena, existen tres causas orgánicas de los sueños:

1. Viento.
2. Bilis.
3. Flema.

En el budismo, los sueños son creaciones de la mente. Cada pensamiento que tenemos se almacena en nuestro subconsciente, y cuando dormimos algunos de estos pensamientos se activan y se reproducen en nuestros sueños. Otros sueños pueden ser provocados por influencias internas o externas, como una comida pesada o una tormenta, y la mente subconsciente reacciona a estas perturbaciones en forma de sueños. El budismo considera que estas dos formas de sueños son insignificantes y no requieren interpretación.

Lo que sí requiere interpretación son los sueños proféticos. Estos sueños predicen un acontecimiento importante inminente para la persona que los recibe. Estos sueños nos los traen los *devas*, que son los espíritus de amigos y familiares y de otras personas que han muerto y vuelto a nacer, pero que son invisibles para nosotros. Los *devas* vigilan a sus seres queridos y aparecen en un sueño profético para advertirles o prepararlos para un incidente próximo. Estos sueños pueden advertirnos de un peligro o prepararnos para una buena noticia. Los mensajes o advertencias que nuestros *devas* nos dan en sueños son más simbólicos y metafóricos que obvios, por lo que hay que interpretarlos.

Los budistas creen en el karma, o ley de causa y efecto. Un ejemplo de karma sería que si haces el bien, el bien vendrá a ti, pero si haces el mal, debes esperar una mala experiencia a cambio. Cuando el karma está «a punto de madurar», y lo que hicimos en una vida anterior está a punto de tener su reacción, una persona podría experimentar un sueño vívido. Este sueño es una expresión

de lo que está a punto de suceder, ya sea malo o bueno. Esto solo ocurre ocasionalmente y no a todo el mundo.

Otra forma de sueño importante para los budistas es la que se produce cuando dos individuos se comunican telepáticamente entre sí. Muy ocasionalmente, cuando la mente está en reposo o dormida, si ambas personas se concentran mucho, a veces es posible que se comuniquen a través de un sueño. Sin embargo, hay que señalar que los budas no sueñan, y esto se debe a que están verdaderamente iluminados y no tienen ansiedades, pensamientos negativos, ansias o deseos insatisfechos que pudieran provocar un sueño.

* * *

4

ANTIGUOS SOÑADORES Y VISIONARIOS

A continuación encontrará algunas historias y mitos de otros tiempos sobre los sueños y las visiones, empezando por los sueños bíblicos mencionados en el capítulo anterior. Aunque las visiones no son exactamente sueños, ya que se experimentan cuando una persona está despierta, tienen una cualidad onírica y pueden describirse como sueños de vigilia. Los siguientes relatos muestran la importancia (o la falta de ella) que se daba a los sueños y las visiones en la Antigüedad.

Soñadores bíblicos

La Biblia describe a varios soñadores y sus sueños. Por aquel entonces se creía que los sueños procedían directamente de Dios o de un mensajero del Señor en forma de ángel. Algunos intérpretes de sueños eran sacerdotes, mientras que otros eran personas que tenían dones psíquicos y psicológicos, pero todos afirmaban que canalizaban la palabra de Dios. Por ejemplo, Isaías y Ezequiel fueron famosos por sus sueños proféticos, mientras que fue un intérprete de sueños quien le dijo a Saúl que llegaría a ser rey de Israel.

La escalera de Jacob

En esta famosa historia, Jacob soñó que veía una escalera que subía al cielo, con ángeles que subían y bajaban por ella. También soñó que Dios le decía que un año es como un día. Esto puede ser una referencia directa a una técnica astrológica llamada «progresiones», que todavía se utiliza hoy en día, en la que el movimiento de los planetas durante un día se puede utilizar para mostrar los cambios que tienen lugar en el transcurso de un año.

José

El José del Antiguo Testamento tuvo una vida muy interesante, en parte gracias a su habilidad para llamar la atención y fanfarronear de una manera que irritaba a la gente. Si a esto unimos su capacidad para interpretar sus propios sueños proféticos, llegaremos rápido a la conclusión de que no le resultaba muy difícil meterse en problemas.

Una vez, mientras un joven José ayudaba en la granja de su familia atando gavillas de trigo, observó que su gavilla se erguía orgullosa mientras que las de sus hermanos se caían y parecían inclinarse ante la suya. José contó a su familia que había interpretado esta situación como que un día sus hermanos se inclinarían ante él. Estas declaraciones no lo hicieron muy querido entre sus hermanos.

También le contó a su familia que había soñado que el sol, la luna y once estrellas se inclinaban ante él, e incluso su indulgente padre, Jacob, interpretó este sueño como otra referencia descarada a que sus padres y hermanos tendrían que inclinarse ante él. Enfadados, sus hermanos lo llevaron a Egipto y lo abandonaron allí, donde se convirtió en siervo. Poco después, José pasó algún tiempo en prisión, pero mientras estuvo allí interpretó con éxito los sueños de un par de presos temporales. La noticia de esta habilidad llegó a oídos del faraón, que sufría por un par de sueños que se le repetían constantemente. Tras interpretar los sueños del faraón, José pasó a formar parte de la corte, en la que llegó a ejercer un alto cargo.

El sueño del faraón

El Antiguo Testamento de la Biblia relata dos sueños que José interpretó para el faraón. En el primero, el faraón soñó que estaba junto al Nilo.

> *Siete vacas gordas y hermosas subían del Nilo y pastaban entre los juncos. Siete vacas flacas y feas subían tras ellas desde el Nilo y se pararon junto a las otras vacas a la orilla del río. Las vacas flacas y feas se comieron a las siete vacas gordas y bonitas. Entonces el faraón se despertó. Volvió a dormirse y tuvo un segundo sueño: Había siete cabezas de grano creciendo en un tallo, sanas y buenas. Después brotaban siete cabezas de grano, delgadas y quemadas por el viento del este. Las cabezas delgadas se tragaron a las siete cabezas sanas y llenas. (Génesis 41: 2-7)*

José le dijo al faraón que ambos sueños significaban lo mismo: habría siete años de cosechas abundantes, seguidos de siete años de hambruna, y sugirió que el faraón nombrara inspectores que obligaran al pueblo a ahorrar una quinta parte de cada cosecha durante los años buenos, de modo que pudieran sobrellevar los años malos.

El faraón siguió el consejo de José y su pueblo superó los tiempos difíciles. Sin embargo, los habitantes de los países vecinos se vieron obligados a acudir a José para comprar lo que necesitaban para sobrevivir, y entre los que le hicieron peticiones estaba su propia familia. No habían visto a su hermano desde hacía muchos años, por lo que, al inclinarse respetuosamente ante el «oficial egipcio»,

no lo reconocieron como su José. Ni que decir tiene que José les ayudó y, tras algunas aventuras más, trasladó a toda su familia de la zona empobrecida en la que vivían a la comodidad y facilidad de la vida en Egipto. Es probable que la familia de José acabara perdonándole su arrogancia e impertinencia juveniles.

San Francisco de Asís

Francisco de Asís no es un personaje del todo bíblico, pero sí relacionado con la fe cristiana. Fue un soldado que se dirigía a una batalla cuando una visión le hizo retroceder. En la visión, Cristo vino a él y le dijo: «Francisco, Francisco, ve y repara mi casa, ¿no ves que está en ruinas?». San Francisco creyó que se refería a la iglesia en ruinas en la que estaba rezando, así que robó algo de tela de la tienda de su padre y la vendió para pagar las reparaciones. Cuando el sacerdote se negó a aceptar el dinero porque lo había obtenido de una forma deshonesta, Francisco tiró las monedas. Con el tiempo abrazó una vida de pobreza y fundó varias órdenes franciscanas, cuyos monjes y monjas seguían las amables enseñanzas originales de Cristo y daban la espalda al poder y la pompa que exhibía la Iglesia en aquel momento.

Mitos y leyendas

A lo largo de la historia, son muchos los mitos y leyendas relacionados con los sueños, las personas que sueñan y el mundo onírico en general.

Somnus

Somnus era el dios del sueño en la mitología romana. Era el hermano gemelo de la muerte e hijo de la noche. Vivía en una cueva oscura en el lejano oeste, allá donde el sol se pone y, según la antigua forma de pensar, se apaga. Cerca de allí fluía el Leteo, el río del olvido, y crecían amapolas y otras plantas inductoras del sueño. Somnus es representado como un joven dormido que sostiene un tallo de amapola.

Sueños de pipa

La amapola común europea se ha utilizado desde la Antigüedad como remedio contra el insomnio, y tiene el efecto secundario de inducir sueños placenteros. El opio procede de amapolas de gran tamaño, y es bien sabido que fumar una pipa de opio provoca sueños fantásticos. De ahí la expresión inglesa *pipe dreams*, o «sueños de pipa», para referirse a deseos que no tienen ninguna posibilidad de cumplirse.

Hermes y Morfeo

Se creía que el dios mensajero Hermes poseía poderes mágicos sobre la habilidad de quedarse dormido y sobre los sueños, pero quien era considerado el dios de los sueños era Morfeo, ya que era hijo de Hipnos, el dios del sueño. Morfeo tenía la capacidad de modelar los sueños de las personas que dormían y de hacer que en ellos aparecieran formas humanas.

Odín

Según la leyenda nórdica, Odín se colgó de un árbol por los pies durante nueve días y nueve noches sin comer ni beber, y al entrar en estado de trance, observó que se formaban extrañas formas entre las raíces del árbol del que colgaba. Estas formas se convirtieron en runas, que constituyeron tanto un alfabeto antiguo como un sistema de adivinación.

Endimión

Endimión, el rey de Elis, era un muchacho tan hermoso que Selene, la diosa griega de la Luna, se enamoró de él. Según algunas versiones, tuvo cincuenta hijos con él y después lo durmió para que fuera suyo para siempre. Otros relatos sugieren que Endimión decidió mantenerse en un estado eterno de sueño para no envejecer.

El primer libro de los sueños

El filósofo Artemidoro, natural de Éfeso, que vivió en Roma entre los años 138 y 180 e. c., escribió cinco volúmenes sobre el tema de los sueños. Artemidoro creía que los sueños le eran dados al ser humano para aumentar su conocimiento y para su provecho. Su obra ha sido traducida y sigue siendo relevante en gran parte.

El Oráculo de Delfos

En la antigua Grecia, los oráculos mortales podían comunicar la palabra de los dioses en el templo de Apolo, en Delfos. Los oráculos eran mujeres vírgenes cuyo trabajo consistía en entrar en un trance alucinógeno masticando hojas «mágicas» o arrojándolas al fuego e inhalando el humo. En este estado de trance onírico, los oráculos daban mensajes que se prestaban a un buen número de interpretaciones.

UN INTÉRPRETE DE SUEÑOS MODERNO: EDGAR CAYCE

La historia de Edgar Cayce es muy curiosa. Cayce era un joven infeliz que tenía que ganarse la vida vendiendo enciclopedias. Un día perdió la voz y, a pesar de que los médicos no pudieron ayudarle, un hipnotizador de feria le hizo entrar en un trance durante el cual Cayce se autodiagnosticó la causa de su dolencia. Más tarde aprendió a ponerse en trance él solo y a ofrecer diagnósticos correctos y remedios holísticos. Conocido como «el profeta durmiente», se convirtió en un reputado médium y permitió que se le investigara ampliamente.

Nostradamus

Nostradamus es conocido por su colección de profecías titulada *Siglos*. Estudioso de lo oculto, realizaba sus profecías mirando un cuenco con agua y hierbas y entrando en un profundo trance en el que tenía visiones. Aunque su libro está lleno de versos proféticos místicos que requieren mucha interpretación, a lo largo de los siglos muchos creen que sus profecías se han hecho realidad, tomado la forma de sucesos como el gran incendio de Londres y el uso de la bomba atómica en la Segunda Guerra Mundial.

Juana de Arco

Juana de Arco (1412-1431), también llamada «la doncella de Orleans», empezó a oír voces y ver visiones desde los trece años. Creía que San Miguel, Catalina de Alejandría y Santa Margarita la llamaban para que ayudara al que era delfín de Francia y llegaría a ser rey, Carlos. Juana convenció al rey para que le permitiera conducir a las tropas francesas a una victoria decisiva sobre los ingleses durante la Guerra de los Cien Años, que puso fin a las pretensiones de Inglaterra sobre cualquier región de Francia. Su determinación la llevó a librar algunas batallas importantes, pero cuando fracasó su asedio a París en 1431, fue capturada por los borgoñones, juzgada como hereje y quemada en la hoguera. Un cuarto de siglo después, la Iglesia católica la declaró inocente. En 1920, el papa Benedicto XV la canonizó.

✵ ✵ ✵

PARTE II

LOS SUEÑOS Y SU SIGNIFICADO

5

SU MUNDO ONÍRICO

Tanto si quiere recordar sus sueños como si quiere olvidarlos, a continuación le indicamos los pasos que debe seguir para conseguirlo. Si desea tener sueños agradables o experimentar con los tipos de sueños que puede inducir y posiblemente incluso controlar, aquí tiene algunas técnicas científicas (y no tan científicas) que puede probar por si mismo.

Mejorar la capacidad de recordar los sueños

Puede ser frustrante despertarse con un ligero recuerdo de un sueño (ya sea feliz, aterrador o raro) y perderlo casi al momento. Los estudios indican que olvidamos alrededor del 90 por ciento de nuestros sueños a los dos minutos de despertarnos.

Es cierto que a veces no queremos acordarnos de ellos, pero ¿y si un sueño le ha dejado sensaciones de bienestar, seguridad y amor? ¿No le gustaría poder recordarlo?

Hay personas que están tan fascinadas por sus mundos oníricos que dedican mucho esfuerzo todas las noches y todas las mañanas para acordarse mejor de sus sueños.

Aquí tiene algunas cosas que puede probar:

- Cuando se vaya a la cama, repítase a si mismo (unas veinte o treinta veces) que recordará sus sueños.
- Antes de dormirse, intente recordar algunos de los sueños que haya tenido y que pueda recordar. Esto puede ayudar a su mente a recordar, o al menos a prestar más atención a los sueños que tenga.
- Ponga una alarma que suene cada hora y media. (Es mejor que lo haga un día en el que no tenga que levantarse por la mañana para ir a trabajar). Así se despertará en torno a las horas en las que sale del sueño REM y, por lo tanto, en los momentos en los que es más probable que haya soñado.
- Disponga de un bolígrafo y un bloc de notas junto a la cama para poder anotar inmediatamente cualquier cosa que recuerde.
- Escriba en un diario todos los sueños de los que se acuerde y léalo cada noche antes de irse a dormir.
- Intente despertarse lentamente para permanecer el mayor tiempo posible en estado de duermevela.
- Preste atención al tipo de alarma que utiliza, porque una alarma estridente le despertará bruscamente y puede sacarle de ese estado inmediatamente. Sin embargo, hay algunos relojes estupendos que despiertan con el canto de los pájaros u otros sonidos naturales o incluso usan una luz que imita la salida del sol. Estos le despertarán gradualmente.

Trauma, estrés y sueños

Muchas personas que padecen estrés crónico o han sufrido un acontecimiento traumático dicen tener pesadillas y sueños vívidos y recurrentes. Estos sueños suelen agravar el estrés que sufre la persona y hacen que sienta que no puede desconectar ni siquiera cuando duerme.

Por supuesto, hay muchos niveles diferentes de estrés y muchas respuestas diferentes al trauma, pero la reacción más grave da lugar a un diagnóstico de trastorno de estrés postraumático (TEPT). El TEPT es un trastorno de ansiedad grave causado por acontecimientos extremadamente estresantes, angustiosos o aterradores, como una guerra, un accidente de tráfico grave, una agresión violenta o un parto traumático. Entre otros síntomas, una persona con TEPT a menudo experimenta flashbacks a través de pesadillas y sueños vívidos. Un estudio llevado a cabo por el Centro Nacional de TEPT reveló que hasta el 96 % de los afectados tienen pesadillas con regularidad, normalmente basadas en un recuerdo del trauma original. Estas pesadillas pueden darse al cabo de meses o incluso años después del suceso. Las personas afectadas afirman tener sueños aterradores que les empujan a gritar o revolverse en la cama, y que suelen culminar con un despertar violento, con sudor frío y palpitaciones.

Los estudios sobre el TEPT han descubierto que quienes lo padecen cuentan con predisposición a tener:

- Menos horas de sueño que los no afectados.
- Aumento de los despertares nocturnos.
- Disminución del sueño profundo.
- Aumento de la actividad del sueño REM.
- Aumento del movimiento de las extremidades durante el sueño.

A menudo es necesario que una persona con TEPT busque ayuda médica y psicoterapéutica para reducir sus pesadillas.

En la población general, el estrés cotidiano que no está desencadenado por una experiencia traumática es un fenómeno mucho más frecuente. Las preocupaciones por el trabajo, las dificultades económicas y los problemas de pareja pueden conducir a un estrés excesivo. Tras un día ajetreado, en lugar de un sueño reparador, una persona muy estresada experimentará sueños vívidos, pesadillas o trastornos del sueño. Esto se debe a que la mente retiene nuestras experiencias de la vida real y, por lo tanto, puede reproducir nuestros sentimientos sobre estas vivencias durante el sueño. Hay varias formas de intentar reducir el estrés y disminuir así la probabilidad de tener sueños incómodos y angustiosos:

1. **Asegúrese de relajarse antes de acostarse.** Cree un ritual que le funcione: tome un baño caliente, ponga velas, escuche música suave o dedique una hora a la lectura. Apague todos los dispositivos electrónicos y no entre en las redes sociales al menos una hora antes de acostarse.
2. **Haga de su dormitorio un lugar para dormir y practicar sexo. Nada más.** Si le dan las tantas dándole vueltas a algo y no puede dormir, levántese y llévese esa preocupación a otra parte, por ejemplo a otra habitación. No deje que su dormitorio quede asociado con sentimientos negativos, estrés o ansiedad.
3. **Practique técnicas de relajación.** El yoga, la atención plena, la meditación y los ejercicios de respiración son actividades fantásticas que le relajarán y le pondrán en el estado de ánimo adecuado para ir a la cama.
4. **Escoja un intervalo de tiempo específico para preocuparse.** Si se dice constantemente que no tiene que preocuparse conseguirá el efecto contrario. En lugar de ello, concédase un cierto tiempo, diario o semanal, para centrarse por completo en lo que le preocupa, pero no lo haga en el dormitorio. Lo más probable es que, si se concede este tiempo, encuentre soluciones a las cosas que le preocupan.

Sueños lúcidos

Hay dos definiciones de sueño lúcido. La primera se refiere a los momentos en los que sabe que está soñando y que lo que está ocurriendo no es real, pero aún tiene la sensación de que sí lo es (en un sueño no lúcido, la persona que duerme no es consciente de que está soñando y los acontecimientos sí parecen hiperreales en ese momento). La otra definición de sueño lúcido tiene que ver con la capacidad de elegir con qué va a soñar antes de irse a dormir. Algunas personas que tienen sueños lúcidos con regularidad son capaces de ejercer cierto grado de control sobre su sueño, como si lo estuvieran dirigiendo.

Experimentar sueños lúcidos «básicos» en los que la persona que duerme es consciente de que está soñando no es tan infrecuente, y al menos el 23 % de la población tiene un sueño lúcido de este tipo al mes. Sin embargo, es mucho menos frecuente poder controlar y dirigir un sueño. Como ocurre con todos los sueños, los sueños lúcidos de ambos tipos se producen durante los periodos de sueño REM, en los que hay un sueño muy profundo, movimiento ocular rápido, respiración más rápida y más actividad cerebral.

Los estudios demuestran que, cuando la persona sabe que está soñando, la parte del cerebro responsable de esta experiencia es la corteza prefrontal. Los participantes en varios estudios científicos han mostrado índices de actividad en el córtex prefrontal mientras soñaban de forma lúcida comparables a los niveles que presentan cuando están despiertos.

Como resultado, algunos investigadores se refieren a los sueños lúcidos como un «estado híbrido de sueño-vigilia». La corteza prefrontal es la parte frontal del cerebro y es responsable de tareas de alto nivel como tomar decisiones y recordar cosas. Algunos investigadores afirman que la corteza prefrontal de quienes tienen sueños lúcidos con regularidad es más grande. Esto ha llevado a sugerir que las personas que tienen más probabilidades de experimentar sueños lúcidos son aquellas que son reflexivas y a las que les gusta pensar las cosas.

¿Cómo se llevan a cabo los estudios en personas que tienen sueños lúcidos? En la mayoría de los ejercicios de investigación, los científicos utilizan un electroencefalograma (EEG), un dispositivo que mide los niveles de actividad cerebral. Para rastrear los movimientos oculares (para asegurarse de que el sujeto ha entrado en sueño REM), pueden utilizar un electrooculograma (EOG). Incluso se han realizado algunos experimentos en los que se pide al sujeto (antes de dormir) que realice movimientos oculares específicos mientras duerme para indicar que tiene un sueño lúcido.

Aprender a tener sueños lúcidos

Hay personas que opinan que ser capaz de dirigir un sueño lúcido es una habilidad que puede aprenderse o cultivarse. Existen varias sugerencias para desarrollarla:

- **Diario de sueños.** Apuntar sus sueños, sean lúcidos o no, hace que le dedique un tiempo diario a este tema. Algunas personas confían en este método para conseguir sueños lúcidos a voluntad.
- **Comprobación de la realidad.** Con este método se hace una pausa varias veces durante el día para ver si está soñando o no, por ejemplo, preguntándoselo directamente o intentando hacer algo que solo sería posible en un sueño, como atravesarse la palma de la mano con un dedo. La teoría es que, si lo hace repetidamente y a lo largo del tiempo, estas prácticas acabarán calando en su subconsciente. Así, al final, será capaz de distinguir entre sueños lúcidos y no lúcidos mientras duerme, y podrá orientarse cuando tenga un sueño lúcido.
- **Despertar y volver a la cama (WBTB, por las siglas en inglés).** Se dice que poner una alarma para despertarse al cabo de cuatro o cinco horas, levantarse y volver a dormirse al cabo de treinta o cuarenta minutos hace que algunas personas puedan inducirse sueños lúcidos. Se cree que así, al alterar el ritmo del sueño, se altera el equilibrio y se consigue que la persona sueñe lúcidamente.
- **Inducción mnemotécnica de sueños lúcidos (MILD, por las siglas en inglés).** Con la técnica MILD se entrena para ser capaz de reconocer la diferencia entre los sueños y la realidad mientras duerme. Tiene que despertarse tras un periodo de sueño determinado (unas cuatro o cinco

horas sería ideal) y repetir lo siguiente varias veces: «La próxima vez que me duerma, recordaré que estoy soñando». Se cree que la práctica constante de acordarse de hacer algo en el futuro puede desencadenar los sueños lúcidos.

Los beneficios de los sueños lúcidos

Muchas personas creen que ser capaz de experimentar sueños lúcidos tiene beneficios en sus vidas conscientes. Algunos de estos beneficios incluyen:

- **Disminución de la ansiedad.** Se cree que al ser capaz de dirigir su sueño lúcido le queda una sensación de confianza y control que puede llevar a su vida consciente. Saber que puede dar forma al principio, desarrollo y final de un sueño puede hacerle sentir que controla mejor su propia vida y los problemas que sufre.

- **Mayor creatividad.** Los participantes en algunos experimentos científicos con capacidad para soñar lúcidamente fueron capaces de aportar más ideas y soluciones creativas a los problemas que otros participantes.
- **Mejora de las habilidades motoras.** Los estudios han demostrado que es posible mejorar ciertas habilidades si se practican en un sueño lúcido. En uno de los estudios, por ejemplo, los soñadores lúcidos eran capaces de tamborilear los dedos más rápido si lo practicaban en sueños.

Los peligros de los sueños lúcidos

Sin embargo, los sueños lúcidos también pueden causar problemas a algunas personas, como por ejemplo:

- **Alteración del sueño.** Los sueños lúcidos pueden alterar el sueño y hacer que sienta que no ha descansado por la mañana. Además, algunas de las técnicas de entrenamiento como WBTB y MILD, incluyen que se despierte después de cuatro o cinco horas, y puede que le resulte difícil volver a dormirse.
- **Efectos sobre la salud mental.** Al difuminar la distinción entre sueño y vigilia, el sueño lúcido puede causar problemas de salud mental a algunas personas. La confusión, el delirio y las alucinaciones son ejemplos de problemas que pueden surgir.

Cómo provocarse una pesadilla

Uno de cada dos adultos experimenta alguna vez una pesadilla. Las hay de muchos tipos: que le empujen desde un tejado, que le persiga un animal salvaje, que le secuestre un monstruo o ver cómo su coche se desliza cuesta abajo y ser incapaz de alcanzarlo son algunas de las imágenes que nos hacen despertar empapados en sudor frío y con sensación de ansiedad.

¿Qué factores pueden aumentar la probabilidad de tener una pesadilla? Aquí tiene una guía (irónica) sobre cómo provocarse una:

1. **Asústese antes de acostarte.** A menudo soñamos con algo que nos ha rondado por la cabeza durante el día. Si resulta que lo último que hacemos antes de ir a dormir es ver una película de terror, ¡probablemente pueda adivinar el resto!
2. **Beba alcohol.** Al principio, el alcohol reduce el sueño REM y, por tanto, impide soñar durante las primeras horas de sueño, pero más adelante puede provocar sueños extraños y aterradores, sobre todo si se consume en exceso.
3. **Coma algo grasiento, picante o difícil de digerir.** Según varios mitos, hay alimentos concretos que provocan pesadillas. Aunque la ciencia ha desmentido algunos de ellos, sigue estando muy extendida la idea de

que si se toman alimentos altos en grasas y picantes, que cuestan más de digerir, cerca de la hora de acostarse, estos tienden a quedarse en el estómago toda la noche y a provocar pesadillas. La comida picante también aumenta la temperatura corporal, cosa que puede inducir pesadillas.

4. **Añada un poco de estrés a tu vida.** Una cantidad importante de estrés, junto con un buen número de preocupaciones y una pizca de ansiedad, son un magnífico caldo de cultivo para las pesadillas.
5. **Tome vitamina B6.** Al parecer, la vitamina B6 aumenta el nivel de serotonina en el torrente sanguíneo, y esto puede hacer que tenga sueños vívidos que permanezcan en la memoria durante algún tiempo.
6. **Duerma del lado izquierdo o bocabajo.** Según un estudio realizado por la Universidad Shue Yan en Hong Kong (China), el 41 % de las personas que duermen de lado dicen tener pesadillas, frente al 15 % de las que duermen del lado derecho. Además, quienes duermen bocabajo son más propensos a soñar que tienen dificultades para respirar o que se asfixian.

Sueños recurrentes

Los sueños recurrentes son sueños que se producen con mucha frecuencia y pueden ocurrir de forma semanal, mensual o durante años. También es posible que una persona haya tenido el mismo sueño muchas veces antes de empezar a acordarse de que lo ha tenido.

Aunque un sueño recurrente puede ser sobre cualquier cosa, hay temas que tienden a repetirse habitualmente. Según algunos estudios, estos son:

- Intentar llegar a un vuelo en un aeropuerto.
- Presentarse a una prueba o a un examen en el colegio o la universidad.
- Soñar con serpientes.
- Ser perseguido.
- Caerse por un precipicio.
- Perder todos los dientes.
- Sueños apocalípticos.
- Sufrir accidentes de coche o avión.

En el capítulo siguiente podrá leer algunos de los posibles significados de sus sueños recurrentes, pero debe saber que estos suelen estar provocados por el estrés o el agotamiento. Algunas personas creen que su función es transmitir un mensaje al receptor. Llevar un diario de sueños, en el que lo primero que haga cada mañana sea apuntar lo que recuerde del sueño, puede ayudarle a averiguar lo que el sueño está intentando decirle. Eso sí, tendrá que darse prisa, porque olvidamos el 90 % de los sueños a los dos minutos de despertarnos.

Sueños premonitorios

¿Qué pasa si sueña con algo horrible, como un accidente de coche, y ocurre poco después? ¿O si sueña que un primo lejano aparece sin avisar en una cena familiar, y pasa en la vida real? Los sueños premonitorios ni siquiera tienen por qué ser precisos: uno puede despertarse de un sueño con una extraña sensación de presentimiento, miedo o ansiedad, y que algún tiempo después suceda algo en la vida real que le provoque las mismas sensaciones.

Es difícil encontrar cifras exactas sobre el número de personas que experimentan sueños premonitorios, ya que también depende de la interpretación que cada persona haga de su sueño. Las personas más abiertas a las experiencias psíquicas tienen más tendencia a interpretar sus sueños como premonitorios, mientras que las personas que no creen en ellas son menos propensas siquiera a recordar un sueño de este tipo.

Un ejemplo famoso de sueño premonitorio es el que tuvo el presidente estadounidense Abraham Lincoln en 1865. Dos semanas antes de su muerte, soñó que había un funeral en la Casa Blanca. Cuando, en su sueño, preguntó quién había muerto, le dijeron: «El presidente de los Estados Unidos». Dos semanas después fue asesinado.

SUEÑOS SOBRE CATÁSTROFES

Los sueños premonitorios son poco habituales, pero no se puede negar que ocurren. Por ejemplo, hay un sueño premonitorio que muchos psíquicos experimentaron antes de que sucediera, y fue el ataque a las Torres Gemelas de Nueva York el 11 de septiembre de 2001.

Las personas que están abiertas a tener sueños premonitorios suelen verlos como una advertencia. Según ellas, los sueños las preparan para algo que va a ocurrir y, en algunas circunstancias, esto les permite hacer cambios para que suceda.

No todo el mundo cree que los sueños premonitorios tengan validez psíquica, y buscan otras razones para explicar por qué un sueño así puede ocurrir o ser interpretado como tal. En este caso, ¿qué podría provocar un sueño premonitorio? Los estudios científicos señalan tres posibles razones:

1. **Casualidad:** muchas personas atribuyen los sueños premonitorios a la casualidad. Cuantos más sueños tenga y más sueños recuerde, más probable es que ocurra algo en la vida real que se corresponda con algo que haya visto en un sueño.
2. **Recuerdo selectivo:** los estudios sobre los sueños han demostrado que, cuando un suceso de la vida real parece reflejar algo que ha ocurrido en un sueño, es más probable que las personas recuerden las similitudes que las diferencias.
3. **Relacionar cosas que no están necesariamente relacionadas:** un buen ejemplo sería que tuviera un sueño que quizás no recuerda pero que le deja con una sensación de abatimiento. Imagine que, un par de días después, se entera de que alguien que conoce ha muerto y, como consecuencia, siente tristeza. Como las emociones que siente en la vida real se parecen a las que experimentó en el sueño, es posible que intente establecer una conexión entre el sueño y la muerte.

Terrores nocturnos y sonambulismo

Un pequeño porcentaje de niños experimenta terrores nocturnos, que técnicamente no son sueños. Puede parecer que tienen pesadillas porque a menudo gritan, chillan y lloran mientras duermen. Es probable que se muevan violentamente, presos de un pánico extremo, y salten de un lado a otro. A veces tienen los ojos abiertos, pero no están despiertos. Un episodio de terror nocturno puede durar varios minutos, y pueden experimentar más de uno en la misma noche. Es posible que no le reconozcan si intenta consolarles y que tarden un tiempo en calmarse. Afortunadamente, al día siguiente no suelen acordarse de nada.

Aunque se desconocen las causas exactas de los terrores nocturnos, se cree que los siguientes factores pueden desencadenar un episodio:

- Agotamiento
- Fiebre
- Ciertos medicamentos
- Ansiedad
- Ruidos repentinos
- Vejiga llena
- Excitación

No es aconsejable intentar despertar a un niño durante un terror nocturno, es mejor consolarle cuando se despierte.

Sonambulismo

El sonambulismo es bastante frecuente: uno de cada cinco niños lo experimenta al menos una vez. No tiene lugar durante las fases REM, por lo que no está relacionado con la fase en la que se producen los sueños. Se habla de sonambulismo cuando alguien se levanta, camina o incluso realiza tareas complejas mientras está dormido.

Se han dado casos extremos de personas que han salido de casa y han conducido un coche siendo sonámbulas. La persona sonámbula suele tener los ojos abiertos y a menudo es capaz de comunicarse, aunque lo que diga no tenga mucho sentido. Un episodio típico dura unos diez minutos y la persona sonámbula no suele recordarlo a la mañana siguiente. Al igual que en el caso de los terrores nocturnos, no hay que intentar despertarla; basta con asegurarse de que no corre peligro y acompañarla a la cama. Se desconocen las causas exactas pero, además de los factores desencadenantes de los terrores nocturnos mencionados anteriormente, el consumo de drogas recreativas y el exceso de alcohol también pueden aumentar las probabilidades de que se produzca un episodio.

Otros trastornos del sueño

Los trastornos del sueño pueden reducir el número o la calidad de los sueños nocturnos. Se cree que las personas con los siguientes trastornos tienen pesadillas más vívidas que otras:

- **Apnea del sueño**: la respiración se detiene durante diez segundos o más mientras se duerme.
- **Insomnio**: dificultad para conciliar el sueño o permanecer dormido.
- **Narcolepsia**: quedarse dormido o dormida repentinamente en momentos inadecuados.
- **Parálisis del sueño**: sensación de estar despierto pero no poder moverse.

6

EL SIGNIFICADO DE LOS SUEÑOS

Ya hemos visto cómo soñamos y qué dicen los neurobiólogos, los psicólogos y las distintas religiones sobre los sueños. También hemos expuesto cómo veían los sueños las civilizaciones y culturas antiguas. ¿Qué significa entonces que soñemos que se nos caen todos los dientes? ¿Deberíamos cancelar las vacaciones porque hemos tenido un par de sueños en los que un avión se estrellaba en el mar?

Aunque el contenido de algunos sueños puede parecer lógico e incluso seguir un patrón lineal, muchos están llenos de temas y elementos sin sentido. ¿Es necesario que un sueño sea lógico para que signifique algo? ¿Tienen todos los sueños un significado?

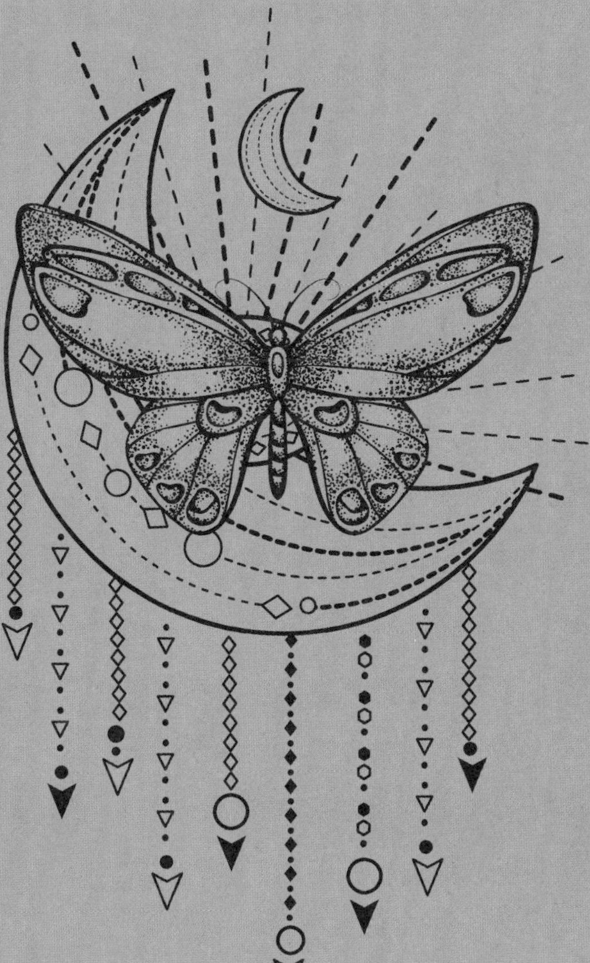

A continuación se exponen algunos de los temas oníricos más comunes y sus posibles significados, basados en la psicología que subyace a los sueños y, en algunos casos, en antiguos significados místicos y tradiciones transmitidas de generación en generación.

A

Abandono Soñar que le abandonan sugiere que es el momento de dejar atrás sentimientos y características del pasado que puedan entorpecer su crecimiento personal. Ha llegado la hora de abandonar comportamientos que ya no se corresponden con su persona. Una interpretación más directa y literal de este sueño es que tiene miedo a que le abandonen o a que le traicionen. Puede tener su origen en una pérdida reciente o en el miedo a perder a un ser querido. El miedo al abandono puede manifestarse en el sueño como parte del proceso de curación y de superación de la pérdida de un ser querido. También puede deberse a sentimientos no resueltos o a problemas de la infancia. Otra posibilidad es que el sueño indique que se siente abandonado o que cree que no se tienen en cuenta tus sentimientos. Si sueña que abandona a otra persona, significa que las responsabilidades que está asumiendo en nombre de otras personas le están superando.

Abadía Una abadía es un conjunto de edificios en el que viven y rinden culto los monjes. Por lo tanto, soñar con una abadía puede ser una metáfora de la búsqueda de orientación espiritual sobre un tema concreto o un intento de desarrollar su conciencia espiritual en general.

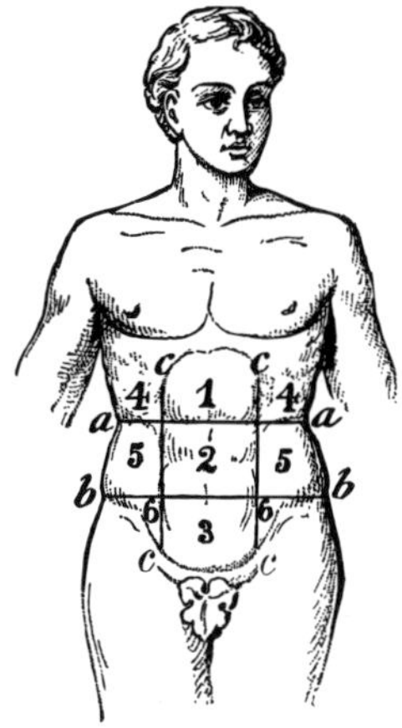

Abdomen En el mundo de los sueños, su abdomen está relacionado con sus instintos y emociones reprimidas; quizás hay algo en su vida real que no puede «digerir» o que le cuesta aceptar. Necesita sacarlo de su sistema. A veces, la interpretación del sueño puede ser literal: a lo mejor solo está padeciendo estreñimiento o le ha dado una indigestión. Si puede ver su abdomen en el sueño, quiere decir que tiene problemas para confiar en los demás y que se siente vulnerable. Si en el sueño ve que tiene la barriga hinchada, es señal de que se acerca el inicio de un nuevo proyecto.

Abejas Es un símbolo común que siempre significa prosperidad, progreso y elogios por el buen trabajo. Curiosamente, también puede advertir de dificultades causadas por los padres de la pareja.

Abismo Un abismo simboliza el riesgo, y si aparece uno en su sueño, significa que tiene miedo a «dar el paso». Hay un obstáculo que se interpone en su camino y le causa ansiedad.

Abogado Un sueño en el que aparece un abogado o un procurador es una advertencia de dificultades legales o económicas.

Abstinencia Soñar que se abstiene de tomar alcohol, de practicar sexo o de cualquier otra tentación carnal es una advertencia contra el exceso de confianza, y una recomendación a tomarse las cosas con más calma.

Abuso Los sueños sobre abuso pueden estar relacionados con traumas pasados, pero también pueden indicar que está en una relación (romántica o no) en la que la otra persona le domina.

Acacia Ver una acacia en sueños indica que es consciente de su mortalidad y que, tal vez, ha estado pensando en su muerte.

Accidente Es posible que haya cometido un error y se sienta culpable; a lo mejor se está castigando por ello. Soñar con un accidente también puede ser una advertencia de que tiene que ir más despacio o tener más cuidado con algo.

Acacia

Acentos Oír a personas hablar con diferentes acentos en un sueño puede significar que tiene dificultades para comunicarse con alguien en su vida consciente o que está luchando por entender a alguien y sus necesidades.

Ácido El ácido simboliza la toxicidad, la ira, la venganza y la pérdida de control. Si el ácido constituye el foco principal de sus sueños, probablemente ha llegado el momento de dar un paso atrás y prestar atención a las emociones que lleva dentro.

Acordeón Escuchar la música de un acordeón significa algo triste y deprimente. Tiene que concentrarse en momentos más alegres. Soñar que toca el acordeón denota emociones intensas que le están afectando a nivel físico. Tiene sensación de desgaste. Otra interpretación es que tiene que trabajar duro para conseguir sus objetivos.

Actor o actriz ¿Ha tenido alguna vez un sueño en el que es actor o actriz de teatro o de cine? Si es así, debe tener cuidado de no confiar demasiado en los demás, podrían engañarle.

Acupuntura Si sueña que está en una sesión de acupuntura, es posible que necesite curación, ya sea médica, espiritual o emocional. Lo mejor sería que concentrara sus energías en usted.

Acusación En la vida real, que le acusen de algo que no ha hecho puede ser frustrante y molesto. Sin embargo, si esto ocurre en un sueño, es probable que sea una metáfora de que está siendo juzgado por otra persona en ese momento.

Adicción ¿Sueña que tiene una adicción al alcohol o a las drogas? Esto suele simbolizar que es una persona obsesiva, que se siente excesivamente dependiente de una persona y que cree que no podrá vivir sin ella.

Admirador o admiradora Un sueño en el que tiene un admirador o admiradora indica que no está mostrando sus verdaderas cualidades a los demás; es como si solo fueran visibles para una persona (su admirador o admiradora).

Adopción Un sueño en el que adopta a un niño indica que está dispuesto a emprender algo nuevo, quizás un nuevo reto o proyecto.

Adulterio Si comete adulterio en un sueño, puede que sus deseos sexuales se estén expresando como una necesidad de atención por parte de otra persona. Si es su pareja la que está teniendo la aventura en el sueño, es probable que sienta inseguridad y a lo mejor le preocupe quedarse solo o sola.

Aeropuerto Los aeropuertos simbolizan las llegadas y las salidas. En un sueño, esto podría indicar que está al borde de un cambio significativo en su vida, por lo general en el buen sentido.

Agente de policía La aparición de un agente de policía en un sueño no significa que alguien vaya a detenerle; es más probable que indique que está a punto de experimentar una etapa de paz y seguridad tras una época agitada o difícil.

Agorafobia Cuando en un sueño aparece el miedo a los espacios abiertos o abarrotados puede ser una metáfora de la ansiedad social. Quizás tenga miedo de que la gente le juzgue si se abre demasiado a ellos.

Agua Si el agua está limpia, predice prosperidad y buena salud, mientras que si está turbia avisa de que se pueden producir discusiones. El agua caliente es una advertencia de peligro, mientras que el agua fría es una indicación de que es necesario para un momento y hacer balance de una situación concreta.

Águilas Las águilas simbolizan la nobleza, el valor y el orgullo. Ver una en su sueño puede indicar que está luchando heroicamente por alcanzar sus metas.

Aguja Una aguja puede ser un símbolo de dolor, pero también de reparación, así que a lo mejor está atravesando una situación dolorosa en este momento, pero que no es irreparable.

Ahogarse Soñar que se está ahogando es indicativo de que se avecinan dificultades, por lo que no hace falta que haga planes.

Ajo Una mata de ajo sugiere pasar de la pobreza a la riqueza. Una mujer se relacionará con alguien que le dará un buen nivel de vida y no buscará el amor. Comer ajo significa tener una visión realista de la vida.

Alimañas Soñar con hordas de ratas, ratones y otras alimañas indica que cree que las personas que le rodean le están traicionando. No sabe en quién confiar y teme depositar su confianza en la persona equivocada. También puede significar que le agobian los problemas que tiene, aunque ninguno de ellos sea realmente grave.

Amanecer El amanecer es un símbolo de rejuvenecimiento, descubrimiento y vitalidad. Está saliendo de una etapa de su vida y tiene un mejor entendimiento de lo que ha pasado, o bien es el inicio de un nuevo ciclo.

Amarillo Este color brillante y soleado se asocia con el aprendizaje y el intelecto. También se asocia con un empoderamiento que impide que los demás le pasen por encima.

Ambulancia Se dice que una ambulancia en sueños advierte de que habrá algún tipo de enfermedad en la familia.

Amigo o amiga Soñar con un amigo o amiga, especialmente si son personas cercanas, indica que la buena suerte y la felicidad están en camino.

Amigo o amiga en apuros Un amigo o amiga necesitará su ayuda o usted necesitará la suya.

Amputación Perder una pierna o un brazo en un sueño significa que pronto podría sufrir desaires e injusticias.

Anciana Soñar con una anciana indica la necesidad de una pizca de sabiduría y sentido común en su vida consciente.

Anciano Ver un anciano en sueños simboliza la felicidad de la familia.

Ángeles Los ángeles suelen considerarse mensajeros de Dios que aparecen en sueños para ofrecer protección, guía y curación espiritual.

Año Nuevo Soñar con el Año Nuevo augura prosperidad y felicidad en las relaciones personales. Si al pensar en el Año Nuevo durante el sueño le genera sensación de cansancio, preste atención para no juntarte con el tipo de pareja equivocado el año que viene.

Apocalipsis Soñar con un acontecimiento apocalíptico es una indicación de que un suceso que podría cambiarle la vida está a punto de suceder; puede ser positivo o negativo.

Apostar Apostar en un sueño está relacionado con la tendencia a arriesgarse y a la impulsividad. Si se la suele jugar en su vida consciente, podría ser una advertencia para empezar a rebajar su tolerancia al riesgo. En cambio, si no es su caso, este tipo de sueño puede sugerirle que se arriesgue más y que no tema a la espontaneidad con algo o con alguien.

Araña Si sueña con arañas significa que se avecinan peleas. Alguien podría estar esperándole.

Árboles Soñar con árboles puede tener varias interpretaciones. Por un lado, puede indicar que un objetivo que tenga se hará realidad; si el árbol ha sido talado, sin embargo, es probable que se produzca una separación de una persona querida. Un sueño con árboles también puede indicar que es probable que pronto experimente algún tipo de crecimiento espiritual o intelectual.

Arcoíris Soñar con un arcoíris augura un futuro prometedor; si es doble, pronto disfrutará de una ganancia económica. También puede predecir acontecimientos inesperados y ser una señal de que las cosas están mejorando en general. En cuestiones de amor, es un buen augurio de felicidad y éxito. Buena suerte, esperanza, dinero, éxito, felicidad… ¡Ver un arcoíris en sueños solo augura cosas buenas! También puede simbolizar un puente entre su ser consciente y su ser espiritual, indicando que tiene cada vez más conexión con su conciencia espiritual.

Arenas movedizas Soñar que se hunde en arenas movedizas es una señal de que siente que algo le sobrepasa, quizá sean sus emociones o su situación en el trabajo. Está dejando que se le vaya de las manos y debería pedir ayuda.

Armario Un armario simboliza el cuerpo femenino y el útero; si es mujer, podría ser el momento de hacerse un chequeo médico. Otra interpretación es que oculta cosas a los demás y necesita abrirse más.

As Ver un as de una baraja sugiere que hay ambigüedad en su vida y que necesita aclarar las cosas.

- El as de corazones podría significar que tiene una aventura amorosa.
- El as de picas significa que forma parte de un escándalo.
- El as de diamantes simboliza su legado o reputación.
- El as de bastos sugiere que tendrá que lidiar con algún asunto legal.

Ascensor Un ascensor simboliza una mejora de su reputación, un ascenso en su carrera, un aumento económico o un estado elevado de conciencia.

Asma La advertencia que trae un sueño sobre el asma es que habrá dificultades en el futuro.

Aventura Soñar que está a punto de emprender una aventura indica una insatisfacción actual con su vida. Tal vez la vida le parezca demasiado aburrida en este momento.

Aversión Si sueña que odia a alguien, lo más probable es que esa persona le desagrade mucho en la vida real, y que está reprimiendo algunos sentimientos intensos de resentimiento o agresividad hacia ella que no cree que pueda mantener ocultos durante mucho más tiempo.

Avión Un sueño en el que aparece un avión significa que tiene una ambición que aún no se ha cumplido.

B

Baby Shower Soñar con una celebración de su embarazo no significa necesariamente que esté esperando un hijo o hija. Es probable que signifique que se está preparando para dar la bienvenida a algo nuevo en su vida: por supuesto, podría ser un bebé, pero también un nuevo trabajo, un nuevo hogar o una nueva afición.

Backgammon ¿Ha oído hablar del backgammon? Perder una partida de este juego simboliza la desgracia y la falta de suerte en el amor. Sin embargo, en un sueño, una partida de backgammon también puede representar a un invitado no deseado. También puede que esté buscando al tipo de persona equivocado, haciendo más difícil que encuentre el amor.

Bailar Como podrá imaginar, bailar es una expresión de libertad de movimiento y felicidad. Si sueña que baila con su pareja, el significado está en la intimidad y la sensualidad del baile. Sin embargo, si está bailando con una expareja, es más probable que signifique que ha llegado el momento de dejar ir a esa persona y seguir adelante sin resentimientos.

Bailarín/a joven Ver a un niño o niña bailando en sueños indica que usted o alguien de su entorno va a tener dificultades. Por supuesto, el hecho de que el niño o niña estén bailando significa que los problemas se resolverán con el tiempo y que las cosas volverán a la normalidad, pero no hay manera de evitar el periodo problemático.

Bajo tierra El deseo de aislarse de los demás durante un tiempo suele ser el motivo de soñar con estar bajo tierra. Quizá sienta agobio porque hay demasiada gente opinando sobre su vida. Tal vez necesita alejarse de su mundo social por un momento y escucharse a si mismo en lugar de a los demás.

Bambú El bambú se considera a menudo una metáfora de la flexibilidad, la fuerza y la supervivencia en las condiciones más duras. Soñar con bambú es indicativo de la necesidad de que muestre estas cualidades en este momento debido a un problema o situación en su vida real.

Banco Soñar con un banco se interpreta como una advertencia sobre problemas de dinero que no deben ignorarse. Hay algo que debe solucionarse rápidamente; si estaba dudando sobre si concertar una cita importante con su contable o banquero, ahora es el momento.

Barba La barba representa la perspicacia o la sabiduría que dan la edad y la experiencia. Si sueña que tiene barba, pero en la vida real no es así, el sueño significa que está tratando de ocultar sus verdaderos sentimientos o que está ocultándole algo a alguien. Estos sueños también pueden representar su actitud; en ese caso, denotan que no le importa lo que los demás piensen o digan de usted. Si es mujer y sueña que se deja crecer la barba, esto hace referencia al lado masculino de su personalidad, e indica que necesita ser más asertiva y ejercer más poder.

Bebés Soñar con bebés no significa que esté embarazada. Los bebés representan la inocencia, la pureza, la indefensión y los nuevos comienzos; tal vez sean cualidades suyas que no suele mostrar al mundo. Por otra parte, soñar con un bebé puede presagiar buena suerte para usted y su familia. Se trata de un sueño común que muchas personas tienen de vez en cuando.

Bellota Las bellotas simbolizan la fuerza y la capacidad de crecer a partir de algo que inicialmente era pequeño. Puede que tenga grandes ambiciones en las que deberá concentrarse para conseguirlas.

LOS DIEZ SUEÑOS SIMBÓLICOS MÁS IMPORTANTES

1. **Mariposas**. Se cree que soñar con una mariposa es el sueño más simbólico que se puede tener. Sugiere que está a punto de sufrir una transformación espiritual, tras la cual nada volverá a ser lo mismo. Las mariposas blancas suelen indicar que puede comunicarse con los muertos

2. **La muerte**. Soñar que muere puede generarle sensaciones de incomodidad. Algunas personas temen que sea una predicción de su fallecimiento, pero el significado de estos sueños no suele ser ese. Es mucho más probable que soñar con su propia muerte indique que es hora de dejar ir algo o a alguien para que pueda avanzar espiritual y emocionalmente.
3. **Los elefantes**. Los elefantes son sagrados en el budismo y se dice que son la manifestación terrenal del propio Buda. Si en su sueño aparece un elefante, es señal de que necesita dedicar algún tiempo a centrarse en su conciencia espiritual, quizá a través del yoga o la meditación.
4. **La madre naturaleza**. La naturaleza se comunica constantemente con nosotros, a través de una dramática tormenta eléctrica, un viento salvaje o incluso un día soleado. A menudo estamos demasiado ocupados para pararnos a escuchar los mensajes que nos transmite. Cuando esto ocurre, es posible que soñemos con la naturaleza en alguna de sus formas, ya sea el tiempo atmosférico, un paseo por el bosque o la escalada de un afloramiento de granito. Se trata de un mensaje subcons-

ciente que nos indica que debemos dedicar tiempo a escuchar a la madre naturaleza y a observarla y sentirla a lo largo del día.

5. **Deidades**. Las figuras divinas como Buda, Jesús o Mahoma que aparecen en sus sueños son indicios de que está experimentando un cambio espiritual significativo; tal vez no tenía creencias espirituales en un principio y ahora su mente está abierta a aprender y abrazar el conocimiento espiritual.

6. **Delfines y ballenas**. Estas hermosas criaturas pueden aparecer en sus sueños tanto de manera protectora como motivadora. Le están haciendo saber que debe arriesgarse, seguir su instinto y hacer eso que ha estado posponiendo, todo con la seguridad de que todo irá bien.

7. **Las serpientes.** Se cree que las serpientes representan el renacimiento, la transformación y la curación. Si ve serpientes en un sueño quiere decir que se acerca un cambio significativo y positivo.

8. **Embarazo**. Soñar que está embarazada suele simbolizar un nuevo nacimiento en su vida, no necesariamente de un bebé, sino más probablemente de un nuevo proyecto, empresa o relación.

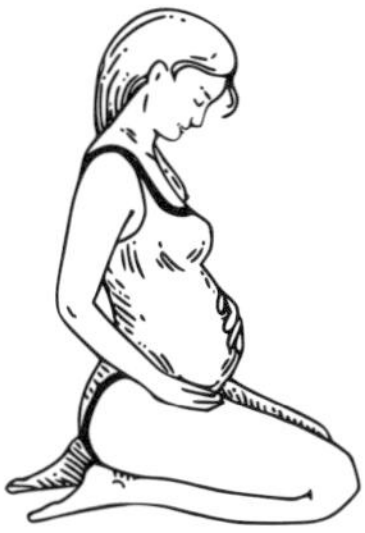

9. **Volar**. Si sueña que vuela por encima del mundo como Peter Pan, esos sueños le están animando a liberarse de cualquier barrera que le frene. Le están diciendo que puede tener superpoderes si confía en usted mismo.

10. **Escaleras**. Las escaleras se consideran objetos ideales para trascender lo ordinario y cotidiano a un plano superior de conciencia. Si sueña con escaleras (o a veces con puentes), se le anima a dar los pasos hacia la conciencia y la realización espirituales.

SOÑAR CON UNA BODA

Si está planeando su boda, es bastante habitual que sueñe con ella, pero lo cierto es que estos sueños pueden aparecer en cualquier momento de la vida de cualquier persona. He aquí algunos sueños comunes alrededor de una boda y sus posibles significados:

- **Casarse con una persona desconocida o con un amigo o amiga**: no se preocupe, ¡estos sueños no son premonitorios en el sentido literal! Lo más probable es que sea una señal de que, o bien va a estrechar su relación con esa persona que hasta hace poco considerabas más bien un conocido o una conocida, o bien está a punto de conocer a una persona nueva.
- **Asistir a una boda o que le inviten a una boda**: este tipo de sueño muestra que necesita reunirse con viejas amistades y con su familia. Quizás hace tiempo que no se pone al día con nadie, y ahora tiene una necesidad imperiosa de hacerlo. Adelante, haz esa llamada.
- **Preocupaciones por el vestido de novia, la tarta, el velo o el anillo**: si se va a casar y está planeando la boda, este tipo de sueño aparece de forma natural al tener muchos frentes abiertos, a lo que se suman el estrés y la ansiedad por el gran día. Si no se va a casar pero sigue teniendo este tipo de sueño, es un reflejo del estrés y la preocupación general que tiene en el día a día. En cualquier caso, es una señal de que puede dejar de preocuparse por las pequeñas cosas y tomar perspectiva.
- **El novio o novia no se presenta**: de nuevo, si se va a casar, soñar que el novio o novia se acobarda y no aparece el día de la ceremonia refleja el estrés y la ansiedad que siente debido a la preparación de la boda. Si no se casa, significa que no confía en alguien o que no sabe si puede confiar en esa persona. Puede que haya percibido pistas sutiles de que le va a defraudar.
- **La comida**: soñar con el banquete es un reflejo de su actitud actual con sus relaciones. Si en el sueño todo va bien, los asistentes están contentos y usted se siente bien, es probable que se halle en un momento en el que le gustaría relacionarse con mucha gente. Si, por el contrario, el banquete y la comida no son un éxito, sino que se ven empañados por discusiones entre los asistentes y la sensación es de incomodidad, es probable que sea una señal de que en este momento prefiere no tener una vida social tan activa y necesita un tiempo para reflexionar a solas.

Beso Un beso simboliza el amor, el afecto, la armonía y el romanticismo, emociones que puede que anhele en este momento.

Bolsita de té Un sueño en el que aparecen bolsitas de té, que quizás sea la versión menos sofisticada de esta bebida, le anima a tomarse un tiempo para relajarse y recuperarse después de un periodo de mucho estrés.

Bolso o bolsa Una bolsa o un bolso lleno representa la prosperidad, mientras que si está vacío augura tiempos difíciles. Si sueña que lleva un bolso de diseño, significa que tiene que controlar sus gastos y ser prudente con el dinero.

Bruja Las brujas simbolizan la astucia, los malos augurios y la aparición de problemas. Un sueño en el que aparecen brujas advierte de dificultades. Tendrá que prestar atención a lo que hacen las personas que le rodean.

Búsqueda Si en su sueño está buscando algo, es síntoma de que hay alguna cosa que falta en su vida: puede ser amor, amistad, paz o conocimiento.

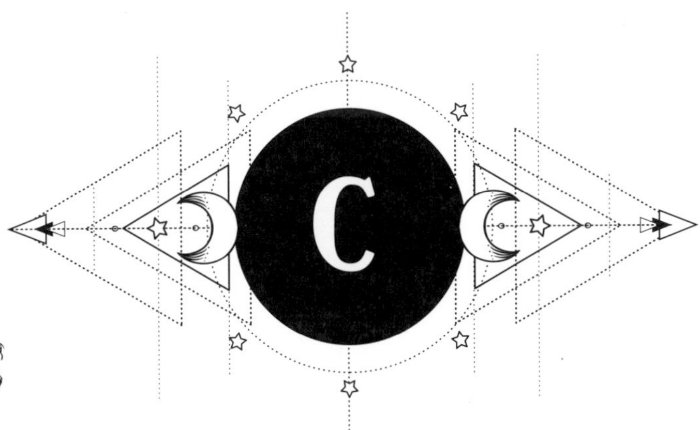

Caballo Un caballo negro es símbolo de decepciones, y uno marrón sugiere estancamiento y retrasos. Un caballo gris indica inquietud e incertidumbre, y uno blanco augura mejoras en la economía.

Cactus Los pinchos representan que alguien ha traspasado sus límites, o que no puede separar su vida privada de la pública. Tal vez le está resultando difícil separar el trabajo de su vida familiar.

Cafetería Soñar que está en una cafetería representa su vida social. El sueño le está diciendo que es hora de llamar a viejas amistades para ponerse al día y ver cómo les va la vida.

Caída Los sueños en los que la persona que duerme se cae desde una gran altura están muy extendidos. Algunos intérpretes de sueños pueden añadir algo de drama afirmando que, si se golpea contra el suelo en el sueño, morirá en la vida real, pero lo cierto es que es mucho más probable que estos sueños indiquen que hay algo que le preocupa, como fracasar en su vida laboral o amorosa. También podría significar que necesita replantearse algo.

Cajas Si sueña que está haciendo cajas quiere decir que se prevén grandes cambios en su vida. Aunque puede que esté guardando viejos problemas y preocupaciones o empaquetando buenos recuerdos para llevárselos consigo, lo que es seguro es que está dejando atrás una etapa para empezar de nuevo.

Calculadora Un sueño en el que aparece una calculadora sugiere que debería reflexionar sobre un problema y sopesar cuidadosamente sus opciones, y que debe trazar un plan o preparar una estrategia. El símbolo también puede representar a una persona calculadora, astuta y maquiavélica.

Calendario Ver un calendario en sueños representa el paso del tiempo. Esto puede provocarle ansiedad durante el sueño, sobre todo si le preocupa envejecer. También puede ser un recordatorio de que se acerca algo importante y una advertencia de que tendría que prepararse para ello.

Callejón sin salida Soñar que ha llegado a un callejón sin salida puede tener un significado literal: ha llegado al final de algo, quizás un proyecto o una relación. Sin embargo, también es un indicio de que algo ya no funciona y de que necesita encontrar una forma alternativa de alcanzar un objetivo.

Calma ¿Tiene una clara sensación de calma y tranquilidad en el sueño? Esto podría indicar que en este momento se siente feliz en su vida de vigilia. Si en el sueño alguien le dice que se calme, podría entenderse como que está a punto de sufrir algún contratiempo que será peor si no consigue controlar sus emociones.

Cama Soñar con una cama indica que debe tomarse un merecido descanso. Si la cama está deshecha, debe tener cuidado para no meterse en problemas.

Cámara Ver una cámara en un sueño representa su deseo de aferrarse o de vivir en el pasado. También puede indicar que necesita centrarse en una situación concreta. Tal vez necesita hacerse una imagen o una idea más clara sobre un tema. Si la cámara del sueño está rota, significa que está ignorando un problema o que se niega a ver la situación en su conjunto. Soñar que está ante una cámara oculta indica que siente que alguien le tiene bajo la lupa.

Camello Si sueña con un camello, el mensaje es que actualmente está haciendo demasiadas cosas y está llevando demasiada carga sobre los hombros. Este sueño le dice que es hora de revisar sus responsabilidades, deshacerse de lo que pueda y delegar el resto, asegurándose de que se queda solo con lo que necesita.

Caminar Un sueño en el que camina puede tener muchos significados, dependiendo de cómo lo haga. Caminar en círculos indica que hay un problema o una situación en su vida consciente con la que siente que no está llegando a ninguna parte. Caminar descalzo simboliza que quiere sentirse libre o necesita deshacerse de algo que le ha estado agobiando. ¿Camina rápido? Es probable que esto indique que ha encontrado un propósito para su vida de forma repentina y que tiene muchas ganas de empezar un proyecto. Caminar despacio, por el contrario, indica que necesita tomarse un tiempo para pensar las cosas antes de precipitarse.

Campanas Las campanas anuncian la llegada de buenas noticias, así que preste atención si aparecen campanas en su sueño.

Canario Ver un canario en su sueño representa felicidad y armonía: aproveche y disfrute de este momento de tu vida. El sueño también podría indicar que le apetece iniciar una relación o que hay una nueva relación en su vida que está yendo muy bien.

Canguro Ver un canguro demuestra que no se dejará amilanar si alguien intenta ponerle en un apuro y hacerle quedar mal. Si el canguro le ataca, su reputación correrá peligro. Si lo mata, superará los obstáculos y triunfará a pesar de lo que hagan las personas que no le quieren bien.

Canibalismo ¿Hay algo o alguien en su vida que le agobia y le drena constantemente de energía? A lo mejor por eso sueña con el canibalismo: como si hubiera alguien que se lo está comiendo vivo.

Canoa Soñar con una canoa representa serenidad, sencillez e independencia. También es un reflejo de equilibrio emocional. Está consiguiendo avanzar gracias a su fuerza y determinación.

Carrera Soñar que participa en una carrera saca a la luz su espíritu competitivo. A lo mejor está trabajando en algo, por ejemplo, que le pone en competencia directa con alguien en el trabajo o con otra empresa. Por otro lado, soñar con carreras puede indicar que tiene demasiados frentes abiertos o que le preocupa que se le acabe el tiempo para finalizar un proyecto concreto.

Cartero Una noticia muy esperada está a punto de llegar si en su sueño aparece un cartero.

Casa de una amistad Si su sueño se desarrolla en la casa de un amigo o amiga, tendrá buena suerte en el trabajo y con sus planes en general.

Casa Es un sueño importante porque muestra el estado de su mente y las cosas que más le preocupan. Si la casa está desordenada, muestra confusión en su vida, y si está llena de gente indica descontrol.

Caspa Soñar que tiene caspa indica que está malgastando su energía. Es posible que se encuentre bajo mucho estrés y tensión; debería replantearse la forma en la que está abordando sus problemas. Por otro lado, este sueño también puede sugerir falta de autoestima.

Cebra Las cebras simbolizan el equilibrio, la unidad y la armonía, y ver una en sueños significa reconocer el deseo de sentir estas emociones en su vida consciente.

Cementerio Desgraciadamente, soñar con un cementerio es probable que indique que se enterará de la muerte de alguien.

Champú Si se lava el pelo con champú, es una advertencia de que corre el peligro de querer complacer a los demás a costa de olvidarse de que usted también tiene necesidades. Si es otra persona la que le lava el pelo, pronto hará un viaje secreto que le llenará de alegría, pero tendrá que ocultárselo a su familia y amistades.

Chillar La ira contenida, el miedo, la frustración y la dificultad para comunicarse con alguien son motivos potenciales para soñar que chilla.

Cielo El cielo nocturno es señal de que se acercan dificultades temporales, mientras que un cielo estrellado presagia grandes cambios en su forma de vida.

Ciervo Se dice que un ciervo simboliza la belleza natural, la majestuosidad y la dulzura, pero también un estado de alerta. Todas ellas son cualidades en las que quizás necesite centrarse en su vida consciente.

Clima Soñar con el tiempo meteorológico es un indicador de su estado emocional actual. La lluvia representa tristeza y depresión, mientras que el cielo nublado significa un sentimiento de desánimo o hartazgo. Las tormentas y el viento denotan conflicto y agresividad. El sol, los arcoíris y el tiempo estable indican que está pasando por una etapa de calma y felicidad en este momento.

Coche Verse conduciendo en sueños puede simbolizar que tiene el control de su vida y de sus emociones. Por ejemplo, si está conduciendo por una

CITA

Soñar que tiene una cita representa su necesidad de autodescubrimiento y autoconocimiento. Está conociendo algunos de sus aspectos ocultos y reconociendo sus talentos escondidos.

- Puede reflejar sus miedos ante una cita o la búsqueda de aceptación.
- El sueño puede ser un «ensayo» para una cita real a la que vaya a acudir, ya que el sueño sirve para superar la ansiedad que pueda tener al respecto.
- ¿Está saliendo con dos personas en el sueño? Esto es un indicador de pasión en su relación. Este sueño no significa necesariamente que quiera alejarse de su pareja, pero puede denotar cierta ansiedad acerca de algún cambio importante que está sucediendo en la relación.
- Es posible que sueñe con una fecha concreta, como un mes, un día y un año determinados, lo que representa el paso del tiempo y quizás el recuerdo de cosas que han sucedido en el pasado.
- El sueño también puede ser un recordatorio de un acontecimiento especial, una cita o una fecha relevante en su vida cotidiana.
- También hay que tener en cuenta el significado de los números de la fecha.

carretera larga y vacía, es probable que sienta mucha seguridad y pueda pensar a lo grande. Sin embargo, si el coche no se mueve porque está en un atasco, es probable que sienta que no es capaz de sortear ciertos obstáculos.

Coche fúnebre Que aparezca un coche fúnebre en un sueño no significa que alguien vaya a morir y que vaya a asistir a un funeral. Su presencia en sueños sugiere que se encuentra en un momento de transformación vital en el que está superando el final de algo y se prepara para dar la bienvenida a una nueva etapa.

Cochecito de bebé Un sueño con un cochecito de bebé puede tener varios significados. Por un lado, podría simbolizar su deseo de formar una familia. Por otro lado, si el cochecito está vacío, es posible que esté triste o que tenga un objetivo por cumplir.

COMIDA Y SUEÑOS

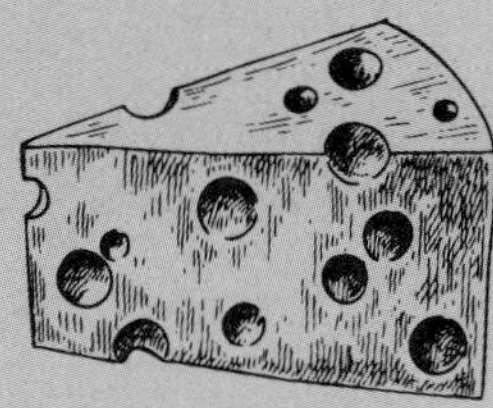

Muchas personas dicen que después de comer ciertos alimentos o haber tomado una bebida específica tienen pesadillas, y el queso parece ser uno de los principales culpables. Así pues, ¿provoca el queso pesadillas o se trata de una leyenda urbana?

El Consejo Británico del Queso estaba tan intrigado que decidió llevar a cabo un estudio. Durante un experimento que duró una semana, se dio a 200 participantes veinte gramos de queso treinta minutos antes de irse a dormir. Para registrar los posibles sueños extraños y pesadillas, los investigadores pidieron a cada participante que llevaran un diario de sueños. Sorprendentemente, ninguno de los participantes dijo haber tenido una pesadilla, y el 75% de ellos informaron de que habían disfrutado de una serie de noches de sueño reparador a lo largo de la semana.

Sin embargo, lo que sí descubrió la investigación del consejo fue que cada queso provocaba un tipo de sueños diferentes:

- Chédar: fama.
- Lancashire: trabajo.
- Red Leicester: infancia.
- Cheshire: sin sueños.
- Stilton: sueños raros.

¿Por qué algunas personas tienen pesadillas después de comer queso y otras tienen un sueño reparador, y otras incluso afirman que han dormido mejor que nunca? Pues todo tiene que ver con los nutrientes. El queso es una fuente excelente de un aminoácido llamado triptófano, que reduce el estrés y favorece un sueño tranquilo. Pero el queso también contiene un alto nivel de vitamina B6, y esta vitamina puede aumentar el nivel de serotonina, que puede hacer que los sueños sean más vívidos y memorables.

Por supuesto, no todo se reduce al queso. También hay historias sobre la cafeína, la melatonina de los plátanos, las especias del curri, las salsas picantes, el azúcar de las bebidas carbonatadas, las galletas y los helados: de todos ellos se dice que provocan sueños vívidos, pesadillas y trastornos del sueño. Pero algunos alimentos tienen el efecto contrario, provocando una noche sin estrés de sueño profundo y reconfortante. Alimentos como la mantequilla de cacahuete, la mermelada, las almendras, el kiwi, el pavo o la infusión de manzanilla son buenas alternativas.

COVID-19 Y SUEÑOS

Desde el estallido mundial de la pandemia de COVID-19, muchas personas han afirmado que el virus ha afectado a sus sueños. Han sido tantas las afirmaciones que un equipo de expertos de la Universidad de Helsinki realizó una investigación sobre los sueños de 4000 personas. Más de la mitad de los participantes afirmaron que sus patrones de sueño habían empeorado desde la pandemia y que el número de sueños vívidos había aumentado. La mayoría de los sueños relacionados con la COVID estaban relacionados con la ansiedad y la preocupación por contraer el virus y los peligros de que la gente no se distanciara socialmente o no llevara mascarilla. Además, una encuesta publicada en la revista *Frontiers of Psychology* informaba de un aumento del 26% de las personas que decían tener pesadillas desde el inicio del brote.

Algunos de los sueños son tan vívidos o perturbadores que miles de personas están registrando sus pesadillas en internet (*véase* www.idreamofcovid.com, por ejemplo).

No es solo el miedo y la ansiedad ante la pandemia lo que ha provocado que la gente tenga sueños vívidos. Algunos están informando de pesadillas y sueños perturbadores después de haber recibido una dosis de vacuna. Es importante señalar que las pesadillas y los malos sueños no son efectos secundarios registrados de ninguna de las vacunas disponibles actualmente.

Los científicos se han apresurado a afirmar que tener un sueño vívido tras la inyección de una vacuna es perfectamente normal y que se trata de una reacción a corto plazo. Se cree que la causa es una combinación de ansiedad por los posibles efectos secundarios de la vacuna y el hecho de que el sueño (y en particular el sueño REM) se ve alterado porque el cuerpo debe fabricar anticuerpos como respuesta a la vacuna.

Col Puede que no coma col en su vida real, pero eso no significa que no pueda soñar con ella. Si la col aparece en un sueño, es señal de que no debe perder el tiempo con cosas insignificantes. Ahorre energía y céntrese en las cosas importantes de la vida.

Colegio Si durante su infancia no encajó en el colegio o tuvo algunas malas experiencias, es posible que en su vida adulta sueñe con ese entorno. Si en el sueño está participando en una clase, es posible que esté aprendiendo algo nuevo en su vida consciente o incluso que esté experimentando un despertar espiritual. Huir del colegio es una metáfora de que está intentando huir de algo o de alguien en su vida consciente. Si en el sueño el colegio está en ruinas (a causa de un incendio o porque lo han tirado abajo), es probable que tenga sin resolver algunos problemas o preocupaciones de la infancia a los que debe enfrentarse.

Comer Comer con otras personas simboliza la amistad y la intimidad; soñar que come solo puede simbolizar soledad e incluso pérdida.

Comida para bebés Un sueño en el que aparece comida de bebé indica que necesita nutrirte y priorizarse por una vez. Sin embargo, si sueña que le dan comida de bebé es porque en el mundo real siente que le están enseñando algo que ya sabe.

Conchas Las conchas simbolizan la protección y las cosas ocultas. Tal vez esté ocultándole algo a alguien para protegerse, o quizá es una señal de que debe aplicarse sus propios consejos.

Conejo La suerte, la abundancia, el éxito, la magia y, quizás, un poco de amor romántico son cosas que podrían estar a punto de llegarle si en su sueño aparece un conejo. Si el conejo es blanco, no tiene nada que temer con respecto al amor de su pareja; un conejo negro, por otro lado, indica miedo a la intimidad. Si el conejo está saltando, es posible le lleguen noticias sobre bebés en un futuro próximo.

Consejos A veces, en sueños, un personaje sabio le ofrece un consejo, quizá sobre su vida amorosa, su familia o su trabajo. Se trata de un mensaje de su subconsciente, por lo que conviene prestarle atención.

Contar dinero Algo que merece la pena está en camino. No tiene por qué ser dinero, pero será bueno.

Cuarentena Puede que algunas personas que no le quieren bien le pongan en una situación difícil. También puede ser un aviso de que tenga que guardar una cuarentena real debido a una enfermedad.

Cuchillo Soñar con un cuchillo es una advertencia de peligro.

Cuna Una cuna de bebé representa las esperanzas y los deseos por cumplir.

D

Dalias Ver estas flores en sueños es señal de buena suerte, sobre todo a nivel económico. Es hora de invertir ese dinero que estaba guardando o quizá de comprar un billete de lotería.

Dálmata Ver un dálmata en su sueño sugiere que está ignorando sus sentimientos para priorizar las necesidades de los demás. Le gusta complacer a la gente.

Debate Soñar que está en un debate simboliza la agitación interior o el conflicto que está experimentando. Sin embargo, también significa que encontrará una solución a esas cuestiones sin resolver.

Decapitación Soñar que le cortan la cabeza indica que no piensa con claridad y se niega a ver la verdad. Debe enfrentarse a la situación o a la persona a pesar del dolor y la incomodidad que pueda sentir al hacerlo. El sueño también sugiere que tiende a actuar antes de pensar.

Depresión Las personas que sufren depresión en su vida consciente suelen tener sueños en los que están deprimidas. A menudo, estos sueños pueden ser de ayuda, ya que pueden ayudarles a identificar las cosas que las están deprimiendo o las cosas que pueden cambiar.

Desafío Soñar con un desafío representa las etapas que tiene que atravesar para alcanzar sus objetivos en el mundo consciente. Encontrará obstáculos y trabas, pero debe encontrar la manera de sortearlos. Aunque no será fácil, los resultados merecerán la pena.

Desempleo Si sueña que se ha quedado sin trabajo, es una indicación de que actualmente siente que no se le valora o bien que la vida no tiene ningún sentido. Es hora de que empiece a valorarse por las habilidades y cualidades que posee.

Desierto Si sueña que camina por un desierto, es posible que tenga sensaciones de soledad o aislamiento en su vida consciente.

Desnudez Soñar con la propia desnudez es muy frecuente. Es una señal de que siente inseguridad acerca de algo o de que le preocupa que alguien vea sus imperfecciones. Una causa común de soñar con estar desnudo en público es el «síndrome del impostor», es decir, la creencia de que no se merece el éxito que haya tenido, o de que si lo ha logrado no es gracias a sus capacidades y esfuerzo.

Desvestirse La falta de previsión le dará problemas si sueña que se desviste, sobre todo si en el sueño lo hace en público.

Detención ¿Le han detenido en sueños? No quiere decir que haya cometido un delito recientemente; es mucho más probable que signifique que se siente restringido por algo o alguien, y que es hora de intentar salir de su control.

Deudas Soñar con deudas puede significar que tiene preocupaciones a nivel de dinero. Es probable que el estrés y la ansiedad inconscientes hayan provocado ese sueño. Sin embargo, también puede significar desequilibrio, lucha, preocupación y problemas en alguna situación personal o asunto de negocios. Otra interpretación es que está exigiendo demasiado a los demás, y que en realidad está en deuda con ellos en términos de tiempo y buena voluntad.

Día Un día soleado simboliza luminosidad o positividad e implica que en ese momento está viendo las cosas con mucha claridad. Si el día está más nublado o sombrío, indica tristeza o un periodo de depresión. Asimismo, un día tormentoso significa que se acerca un cambio que supondrá un borrón y cuenta nueva, que solucionará los problemas pendientes y despejará el camino para su próximo proyecto.

Diana o dardos Si ve una diana en su sueño, quiere decir que está sintiendo la hostilidad de alguien y que necesita expresar su ira y sus sentimientos de forma más directa. Otra posibilidad es que la diana simbolice uno de sus objetivos. Es necesario que intente una nueva estrategia y que supere el miedo al fracaso. Soñar que está lanzando dardos en sueños hace referencia a algún comentario hiriente o dañino que ha hecho sobre alguien o viceversa.

Dientes de león ¿Ha soñado que soplaba las semillas de un diente de león? Esta escena suele ser un recuerdo de la infancia, sobre todo si esta fue feliz y despreocupada. Sin embargo, un sueño así puede significar que está intentando recuperar esa sensación de juventud y libertad y que le preocupa que el tiempo pase deprisa.

Dientes Soñar con que se le caen todos los dientes es otro tema muy común, que tiene varios significados posibles. Puede significar que teme perder su atractivo o que le preocupa su aspecto. A un nivel más profundo, tener un sueño en el que pierde todos los dientes puede revelar una preocupación sobre sus habilidades comunicativas, o puede que haya vivido una situación hace poco en la que haya dicho algo que no debía.

Dirección ¿Alguna vez ha soñado con una casa en la que haya vivido en otros tiempos? Si es así, es señal de que necesita volver la vista al pasado porque hay algo allí que podría ayudarle a aprender más sobre usted. Si sueña con una nueva dirección, es más probable que esté en el momento adecuado para cambiar su entorno.

Discutir Un sueño en el que está discutiendo con un miembro de su familia o con una expareja suele ser indicativo de emociones reprimidas y ofensas no expresadas con esa persona. Si se encuentra discutiendo con amigos o familiares que están muertos, esto indica que hay cosas que desearía haberles dicho cuando estaban vivos.

Dolor A veces nuestros sueños pueden advertirnos de problemas de salud, sobre todo si se sueña con dolores específicos. Si sueña regularmente con dolores en la misma parte del cuerpo, debería consultar a un médico.

¿POR QUÉ SIGO SOÑANDO CON MI EX?

Es frecuente soñar con una expareja. No importa cuánto tiempo haga que se separaron, ni cuánto tiempo hace que no se ven, ni si terminaron en buenos términos o no, ni quién fue el responsable de la ruptura, ni siquiera si ahora está compartiendo du vida con otra persona y tiene cuatro hijos.

Hay muchas formas de que su ex aparezca en sus sueños:

- **Practica sexo con su expareja**: soñar que practica sexo con su ex no significa necesariamente que quiera tener sexo con esa persona. Por un lado, podría significar que echa de menos alguna parte de su relación sexual anterior y que su vida sexual actual no es todo lo buena que podría ser. Por otro lado, quizás el sexo con su ex no era tan bueno, e inconscientemente le gustaría tener la oportunidad de volver atrás y mejorarlo.
- **Se peleas con su ex**: soñar que se pelea y discute con su exnovio o exnovia puede significar que aún arrastra cierta rabia no resuelta hacia esa persona. A lo mejor no tuvo la oportunidad de desahogarse y decirle lo que pensaba en la vida real. Por otro lado, soñar que se pelea con su ex puede simbolizar cómo se siente en su relación actual. Quizás tenga miedos y preocupaciones sobre su relación actual o se siente incapaz de comunicarse libremente con su pareja. Puede que exprese estos sentimientos en su sueño proyectándolos en una expareja.
- **Muerte o enfermedad de su ex**: no se preocupe, este tipo de sueño rara vez significa que su ex esté en peligro de enfermar o morir. Es más probable que apunte a asuntos sin resolver y a todas las cosas que han quedado por decir en su relación anterior. Tal vez lamente no haber tenido la oportunidad de hacerle saber lo mucho que le hirió, lo mucho que lo echa de menos o incluso lo mucho que le quiere. Sin embargo, un sueño así no tiene por qué ser negativo; puede simbolizar el final de una era y el comienzo de una etapa nueva. Puede significar que por fin puede dejar a un lado los recuerdos y emociones de esa relación y centrarse su relación actual.
- **Vuelve con su ex**: despertar y darse cuenta de que ha tenido este sueño puede ser incómodo, y puede hacer que se sienta mal durante todo el día. En realidad no significa que quiera volver con su expareja, pero si no tiene una relación o su relación actual no es satisfactoria, soñar con reconciliarse con su ex probablemente le haga pensar en las

cosas de una relación que le gustan y necesita y que le faltan en este momento. Por otro lado, el significado del sueño podría ser que se haya dado cuenta de que la historia se está repitiendo. A lo mejor está cometiendo con su nueva pareja los mismos errores que cometió con su ex, o quizá esté dejando que su pareja actual le trate de la misma forma en la que lo hacía su ex. El sueño podría servirle de advertencia de que tiene que cambiar algo.

- **Su ex le ayuda**: ¿ha soñado que su expareja le ayuda de alguna manera, quizás dándole consejos? Una interpretación de tal sueño podría ser que no cometa los mismos errores que cometió en el pasado, o que no acepte de una nueva pareja el mismo comportamiento que ha tolerado en otras relaciones. No importa cuál sea la ayuda o el consejo que su ex le esté dando en el sueño: es solo una metáfora o un recordatorio de que necesita aprender del pasado.
- **Su expareja le es infiel**: este es un sueño bastante común. Si su ex realmente le engañó no es relevante; este sueño indica que le preocupa que alguien de su entorno actual le traicione. Puede tratarse de una traición por parte de una amistad o de una nueva pareja, lo que puede traducirse en una infidelidad con otra persona, fraude en los negocios o algún otro tipo de puñalada por la espalda.
- **Se encuentra con su ex**: soñar con que se encuentra con su ex, en una tienda o en una fiesta, por ejemplo, indica que hay cualidades que echa de menos de él o ella. Puede que ya no esté en su vida y que eche de menos su presencia, aunque no necesariamente de forma romántica.

E

Edad Soñar con que se ha hecho mayor puede indicar que envejecer le genera cierta ansiedad.

Emergencia Si en un sueño aparece algún tipo de emergencia, le está avisando de que hay algo a lo que tiene que prestar atención en su vida consciente.

Emociones Los sueños protagonizados por las emociones le proporcionan una salida segura para las emociones reprimidas que teme expresar en su vida consciente.

Emperatriz o emperador Ver a una emperatriz o emperador en sueños es una advertencia de que el orgullo causará la caída de alguien cercano.

En el extranjero Soñar que se halla en otro país, lejos del suyo, puede indicar que últimamente tiene más espíritu aventurero y más ganas de hacer o experimentar cosas diferentes.

Encarcelamiento ¿Se siente atrapado o atrapada? ¿Cree que hay personas en su vida que le impiden tomar sus propias decisiones? ¿Siente que alguien se interesa tanto por lo que hace que le agobia? ¿Cree que le controlan en exceso en el trabajo? Todas estas son razones por las que podría soñar que está en la cárcel. También puede ser una advertencia para que no se meta en algo de lo que se pueda arrepentir, o una señal de que se producirán retrasos y problemas que tardarán en solucionarse.

EMBARAZO Y SUEÑOS

Las mujeres embarazadas suelen expresar que tienen sueños vívidos a menudo. Durante el embarazo no solo aumenta el número de sueños, sino que también mejora la capacidad de recordarlos. Esto podría deberse a que las futuras madres duermen más o se echan más siestas debido al cansancio, o bien puede ser consecuencia de los cambios hormonales que experimentan.

Los sueños típicos que experimentan las mujeres embarazadas son los siguientes:

- **Sueños protagonizados por la ansiedad.** Las mujeres embarazadas suelen tener preocupaciones, ansiedades y miedos adicionales. Puede que les preocupe ser madres primerizas, compaginar la maternidad con el trabajo o su situación económica. Sea cual sea el origen de la ansiedad, es probable que los sueños reflejen los sentimientos que la futura madre tiene en su vida consciente.
- **Sueños relacionados con el embarazo o la maternidad.** Una mujer embarazada probablemente estará pensando en su embarazo, en el parto o en el bebé, y esto aumenta la probabilidad de que sueñe con estos temas. En estos sueños a menudo puede descubrir el sexo del bebé, o bien puede verlo hablándole o creciendo.
- **Pesadillas.** Las pesadillas durante el embarazo son relativamente frecuentes. Suelen estar provocadas por los cambios hormonales y el aumento de las emociones durante este periodo, y pueden estar relacionadas con el miedo a dar a luz o de que algo vaya mal durante el parto. Las mujeres también han declarado soñar que se les caía el bebé, que se ahogaba o que se asfixiaba accidentalmente. Otras han explicado que en sus pesadillas se ven perdidas, atrapadas o enterradas vivas.

Las madres primerizas o las que han sufrido embarazos traumáticos o abortos espontáneos en el pasado son las más propensas a experimentar de forma frecuente sueños incómodos que les dejan sensaciones de angustia, miedo y ansiedad al despertar. Un cambio en los sueños durante el embarazo es completamente normal y no debe ser motivo de preocupación. A veces, los malos sueños pueden evitarse siguiendo los pasos habituales para aliviar el estrés antes de acostarse, como darse un baño caliente, evitar las redes sociales una hora antes de ir a dormir, reducir el consumo de cafeína y de comida picante, por ejemplo, y quizás evitar comer queso antes de acostarse.

Encontrar dinero Si se sueña que se encuentra dinero no es un hecho tan afortunado como podría serlo en el mundo real. Es probable que signifique que debe protegerse ante posibles pérdidas.

Encrucijada Soñar con esto significa que podría encontrarse con un dilema en su vida real, y que pronto será necesario tomar decisiones de peso.

Enfermedad Soñar con una enfermedad, tanto suya como de otra persona, no significa automáticamente que alguien esté enfermo. Es más probable que sea un recordatorio de que la vida es corta y un empujón para que empiece a disfrutar.

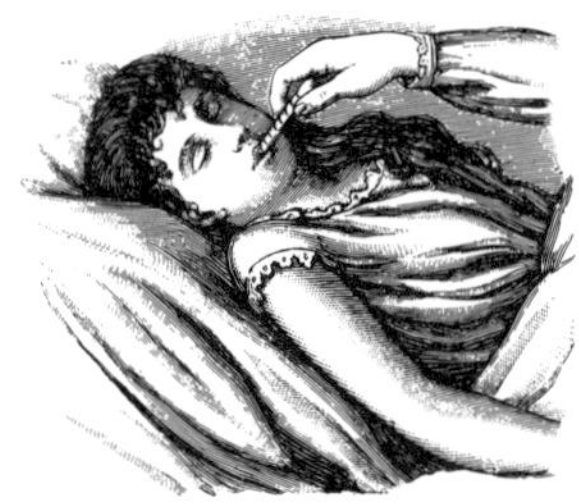

Entierro Este sueño no es tan aterrador ni tan negativo como podría pensarse: soñar con un entierro significa que pronto conocerá a alguien

ESPALDA

En los sueños, su espalda simboliza su actitud, sus puntos fuertes, sus mochilas emocionales y su postura ante el mundo.

- Si tiene la espalda recta, es probable que esté dando al mundo una imagen de persona fuerte, segura de sí misma, con pocas preocupaciones.
- Por otro lado, una espalda encorvada representa a alguien que tiene muchas preocupaciones o dificultades en este momento. Puede estar relacionado con el estrés y presión que otra persona ejerce sobre usted.
- Si la espalda que ve en su sueño está desnuda, es probable que tenga secretos o rasgos de personalidad que haya mantenido ocultos y protegidos. Además, ¿conoce la frase: «¡Cuídate las espaldas!»? Este sueño puede estar diciéndole que haga precisamente eso.
- Si la espalda que ve es de otra persona, considérelo una advertencia de que no debe prestar dinero a nadie. En particular, prestar dinero a amigos provocará una ruptura en su relación.
- Ver que una persona le da la espalda significa que se sentirá profundamente herido a causa de la envidia y los celos.

a quien amará y con quien podrá convivir de forma profunda y que dará significado a su vida.

Equipaje Soñar que lleva maletas o cualquier tipo de equipaje indica que siente que los problemas y las emociones le arrinconan, y que «lleva el mundo a cuestas». Si, por el contrario, sueña que alguien lleva su equipaje por usted, es señal de que necesita dejar el orgullo de lado y aceptar la ayuda que le ofrecen los demás.

Escorpión Si ha soñado que le picaba un escorpión, hágase las siguientes preguntas: ¿está experimentando una situación en la que esté cruzando palabras amargas con alguien? ¿Está siendo el blanco de pensamientos y actos negativos en su vida consciente? Otra opción es que quizás se encuentra en una fase autodestructiva y tiene que reponerse. Los escorpiones también simbolizan la muerte y el renacimiento: quizá haya llegado el momento de dar la bienvenida a algo nuevo en su vida.

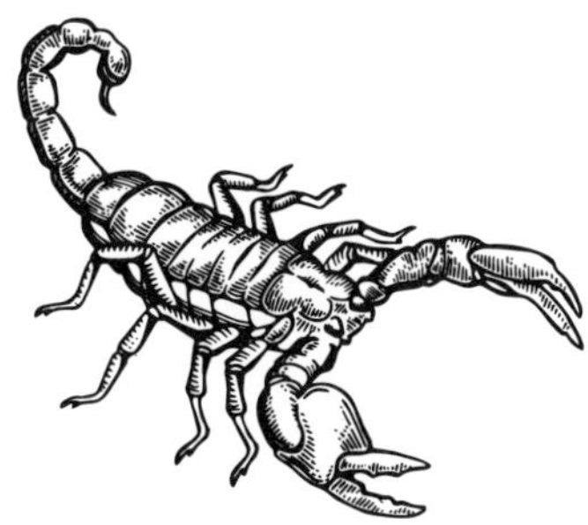

Espejo Un espejo en un sueño puede tener dos significados. Por un lado, puede indicar que ha llegado el momento de hacer un examen honesto de su comportamiento en los últimos meses. ¿Hay algo de lo que se avergüence? Por otro lado, podría indicar que puede esperar algún halago del sexo opuesto en un futuro próximo.

Espera Si en el sueño está esperando algo o a alguien con impaciencia, es probable que tenga una necesidad de control y que le guste que todo salga según lo previsto. Si espera pacientemente, en cambio, es más probable que acepte que las cosas suceden a su debido tiempo y según su propio ritmo, y que no hay necesidad de precipitarse.

Estación de tren Una estación de tren suele indicar que le espera un viaje.

ESPEJO O CRISTAL

Mirar a través de un cristal indica que lo que espera no saldrá bien y que puede llevarse una gran decepción.

- Ver su propia imagen en un espejo predice una relación con una pareja que será irresponsable e infiel, así como inversiones que serán una pérdida de dinero.
- Ver la cara de otra persona en un espejo sugiere que está llevando una doble vida, y que tiene intención de engañar a los demás.
- Romper un espejo suele considerarse un mal presagio.
- Un vaso lleno significa que pronto tendrá noticias de un ser querido. Si está vacío, habrá dificultades temporales. Un vaso roto significa que sus deseos se harán realidad.
- Una mujer casada que ve a su marido en un espejo debería vigilarle por si empieza a fijarse en otra.
- Si un hombre casado sueña con ver a una mujer que no conoce en un espejo, puede perder dinero si invierte en algún plan para hacerse rico rápidamente.
- Mirar a través del cristal de una ventana significa que pronto encontrará trabajo o cambiará a un trabajo mejor, pero tendrá que esforzarse mucho para conseguirlo.

Estrella fugaz Si sueña con una estrella fugaz, le espera el éxito en todos los sentidos.

Exilio ¿Ha soñado que está en el exilio? Esto puede significar la pérdida de algo o de alguien valioso, o bien que se le oculta algo.

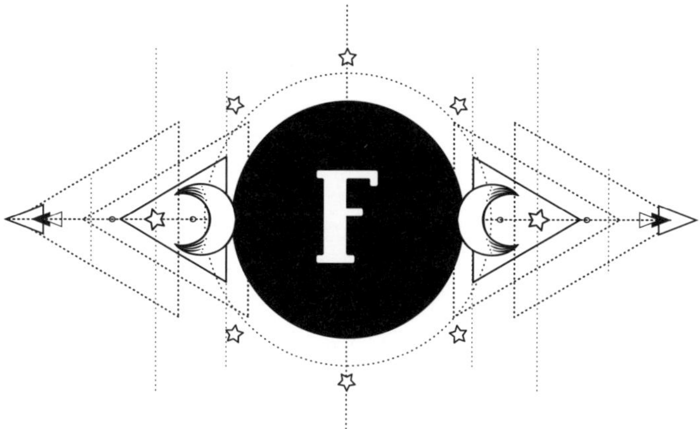

Familia Si su familia aparece en sus sueños, lo más probable es que se trate de una señal de que le transmiten seguridad y amor en la vida real. Sin embargo, si el sueño se convierte en recurrente, podría significar que depende demasiado de su familia y que necesita ser algo más independiente.

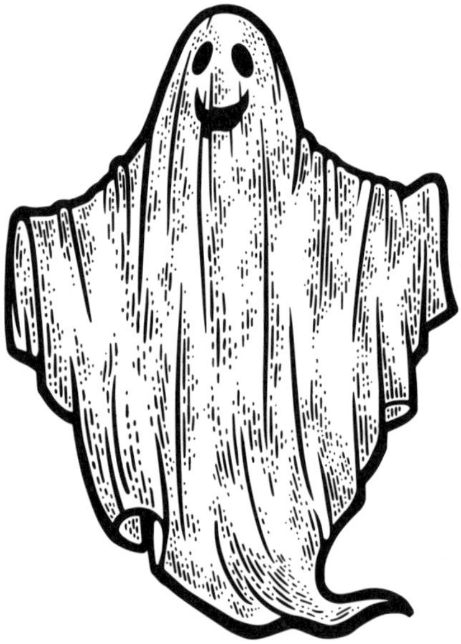

Fantasma Ver un fantasma en sueños puede tener varios significados. Por ejemplo, si el fantasma es de alguien que vive actualmente, debe considerarlo como una advertencia de que esa persona quiere hacerle daño. Si el fantasma es usted mismo, puede que tenga miedo a la muerte o a morir. Ver el fantasma de un familiar o amigo que ha muerto indica que se arrepiente de su relación con esa persona. Por último, si sueña que le persigue un fantasma, es probable que se niegue a reconocer algo de su pasado.

Fecha límite Con el ritmo ajetreado de nuestro mundo consciente, no es raro que soñemos con fechas límite o con el tic-tac de los relojes. Este tipo de sueños indican que estamos preocupados por el tiempo y por que este se acabe, y que necesitamos ir más despacio y dar prioridad a las cosas importantes de la vida.

Fin Soñar con el fin de algo podría significar que ha llegado al final de algo en su vida consciente; quizás ha terminado un proyecto o tal vez ha alcanzado un objetivo.

Fracaso Puede que sueñe con el fracaso si tiene sensaciones de inseguridad y baja autoestima. A lo mejor siente agobio o la presión de tener éxito en algo.

Fresas Soñar con fresas es un buen augurio de progreso en la vida y buenos momentos en el futuro, y sugiere que cumplirá algo que deseaba de corazón. Comer fresas significa que se enamorará de alguien que no le corresponderá, mientras que cultivarlas y venderlas indica abundancia de las cosas que necesita y desea en la vida.

G

Gastar dinero Tenga cuidado porque puede haber gastos adicionales o pérdidas en un futuro próximo.

Gato Puede haber dos interpretaciones de soñar con un gato: puede indicar una traición de alguien de su alrededor, pero también puede ser augurio de buena suerte, en especial si el gato es negro.

Gaviotas Por un lado, soñar con gaviotas puede ser una metáfora de fuerza y poder, pero por otro, una gaviota también puede simbolizar la necesidad de alejarse de su vida cotidiana y de sus problemas. Un sueño así podría indicar que necesita un descanso.

Gigante En los sueños, un gigante representa un gran obstáculo que le impide conseguir algo. Tiene que pensar en cómo eliminar aquello que le impide avanzar en su camino.

Gritar Si está gritando en sueños pero sin emitir ningún sonido, es probable que sienta que nadie le escucha. A lo mejor tiene mucho que decir, pero nadie le pide su opinión. Si los gritos sí tienen sonido, está intentando comunicar sentimientos y emociones que ha reprimido durante mucho tiempo.

Guerra Indica un conflicto interno o agitación, o no saber qué bando tomar en una discusión entre amistades y familiares. Si sueña que tiene un papel pacificador durante una guerra, por otro lado, probablemente crea que está entre dos bandos y sienta presión para decantarse por uno de ellos.

Gusanos Los gusanos sugieren que hay algo que le causa ansiedad y preocupación, aunque no necesariamente se trate de grandes problemas. También pueden apuntar a una sensación de que no se le reconocen sus capacidades y una sensación general de que la gente del trabajo le ignora.

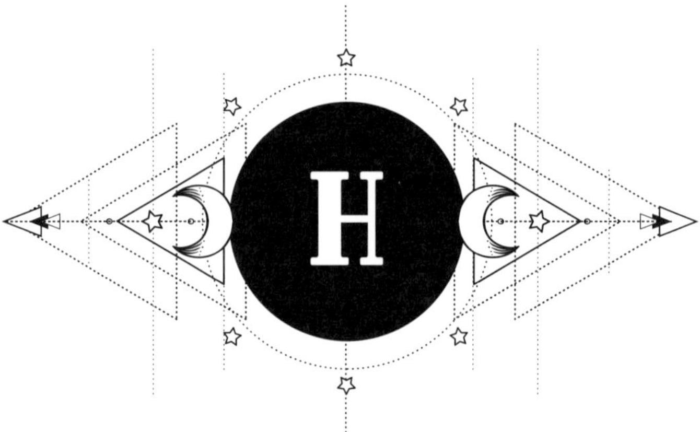

Hacia atrás Soñar que camina o se mueve hacia atrás indica que sus decisiones actuales podrían volverse contra usted. Parece que lo que busca en la vida le queda cada vez más lejos. Por lo tanto, podría tener una sensación de fracaso o la creencia de que no puede conseguir sus objetivos. Por otra parte, retroceder en su sueño puede indicar que necesita dar un paso atrás o retirarse de una situación a la que se enfrenta en la vida real.

Halcón Un halcón muerto indica que le están ocultando algo, y a lo mejor que alguien está siendo desleal o hablando de usted a sus espaldas. Por el contrario, ver un majestuoso halcón volando en sus sueños simboliza que es muy perspicaz y capaz de ver una situación con perspectiva.

Herradura Ver una herradura en sus sueños significa que pronto harás un viaje agradable.

Hielo Si nada parece fluir en estos momentos, ese podría ser el motivo de soñar con hielo. También podría ser una advertencia para que tenga cuidado con algo.

Hija Ver a su hija en sueños representa la relación que mantiene con ella en la vigilia y las cualidades que proyecta. Si la relación en el sueño es estrecha, se trata de un reflejo de su relación en la vida real. Si, por el contrario, en el día a día es tensa y distante, es probable que esto también se refleje en el sueño. En el caso de que no tenga hijas, este sueño simboliza su lado femenino y la necesidad de expresarlo.

Hormigas Las hormigas simbolizan la acción y la industria, y soñar con ellas augura una época de mucho trabajo por delante. Hay personas que creen que los sueños con insectos predicen problemas menores pero molestos.

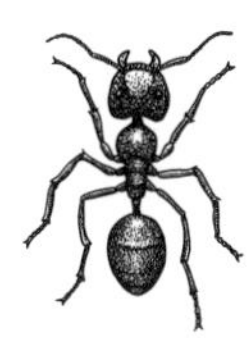

I

Iceberg Es bien sabido que un iceberg es mucho más que lo que vemos en la superficie. Así pues, soñar con un iceberg simboliza la necesidad de profundizar en un asunto y evitar el hecho de tomarse las cosas al pie de la letra.

Ictericia Soñar con tener ictericia indica prosperidad tras un mal momento. Ver a otras personas con ictericia significa que sus amistades no son de fiar y que hará planes que no tendrán un buen resultado.

Ignorar a alguien Este sueño puede ser un reflejo de una situación de la vida real en la que está molesto o molesta con alguien y ha decidido ignorar a esa persona. Si es así, la función del sueño es que se plantee si sería mejor hablar del tema con ella. Soñar con ignorar a alguien también puede indicar que está ignorando voluntariamente algo negativo sobre su personalidad o comportamiento.

Inconsciente Soñar que está inconsciente indica que está empezando a darse cuenta de que ha ido a tientas sobre un tema hasta hace poco. A lo mejor ha estado ignorando lo obvio. Este tipo de sueño es una señal para que abra los ojos y se sincere consigo mismo o misma sobre lo que está pasando.

Indecisión La interpretación obvia de soñar que le cuesta tomar una decisión es que está pasando por una sensación parecida en el mundo consciente. Es posible que le hayan pedido que tome una decisión importante que va a tener un gran impacto en su vida y en la de otras personas. Este tipo de sueños le anima a tomarse su tiempo antes de decidirse, y evitar la precipitación.

Infestación Soñar con que un lugar está infestado de insectos o ratas puede tener dos significados. Por un lado, puede que sienta que un asunto sin importancia se ha exagerado y que ahora se ha convertido en algo central en su vida; por otro lado, podría ser que sienta que su intimidad está siendo invadida por alguien o algo y que es hora de guardarse algunas cosas para usted.

Infidelidad Los sentimientos de inseguridad e insatisfacción con su relación actual pueden hacer que sueñe con una infidelidad, ya sea suya o de su pareja.

Irse Si sueña que se va de un lugar o deja a alguien, puede interpretar el sueño como una metáfora del final de algo y una indicación de que ha llegado el momento de seguir adelante. Si sueña que alguien se va de su vida, lo más probable es que sienta inseguridad acerca de algo en su vida consciente.

J

Jardín Un jardín con plantas perennes y flores significa que goza de una tranquilidad y comodidad excelentes. Si es mujer, ver un jardín exuberante indica que será famosa y feliz en su vida familiar, mientras que pasear por el jardín de un o una amante trae felicidad y suficiente dinero como para independizarse. Un huerto, por el contrario, significa pérdida, miseria y pérdida de reputación.

Jardín del edén El jardín del edén simboliza la paz, la armonía, la belleza y la tranquilidad, emociones que puede estar buscando en este momento.

Jaula Soñar con estar dentro de una jaula tiene un significado obvio de que cree que una relación, o una situación determinada, le está controlando o le está generando la sensación de parálisis. Soñar con meter a un animal en una jaula tiene un simbolismo más positivo: superará sus miedos y tendrá éxito en lo que decida hacer. ¿Y si sueña con un pájaro en una jaula? Eso podría estar más relacionado con una falta de espiritualidad o una falta de capacidad para pensar libremente, lo que a su vez podría deberse a que otra persona esté intentando frenarle.

Joyería Soñar con joyería augura felicidad en el amor y en los negocios o el trabajo.

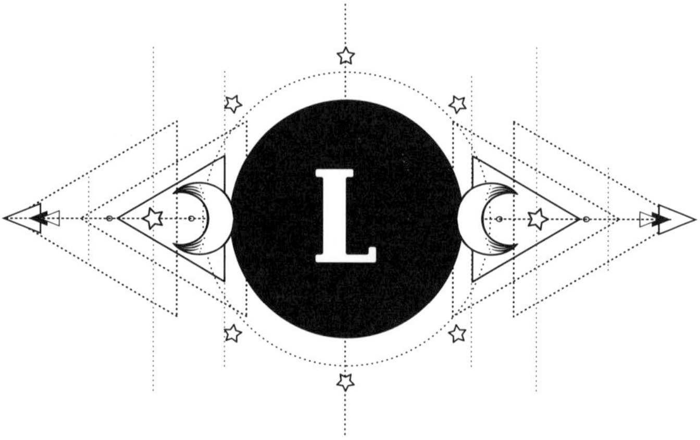

Ladridos ¿Está de mal humor y se ha sorprendido gritando a la gente más de lo habitual? Si es así, lo confirmaría el hecho de que sueñe con perros que ladran constantemente. Es una señal para que se calme y trabaje en lo que le está sacando de tus casillas. ¿Sabía, sin embargo, que si está en pleno sueño REM y al mismo tiempo se oyen ladridos muy fuertes en el mundo real, es posible que inconscientemente acabe incorporando ese ruido en tu sueño?

Lago Ver un lago en sueños está muy relacionado con su estado de ánimo actual. Por ejemplo, ¿cómo están las aguas, calmadas o revueltas? ¿Puede ver la orilla del lago, o tiene la sensación de que este se extiende eternamente en la distancia? Si es esto último, podría significar que siente que no puede hacer frente a la magnitud de un problema, o a lo mejor que este es demasiado complejo.

Lámpara Si la lámpara está encendida, es un buen augurio para los asuntos de negocios; si está apagada, sin embargo, alguien le está ocultando algo.

Lavarse Lavarse es un símbolo de limpieza y purificación. Soñar que se está lavando o que está lavando la ropa señala el deseo de un nuevo comienzo o de librarse de algún problema que le haya molestado en los últimos tiempos. Si se está lavando el pelo en el sueño, es probable que sienta la necesidad de librarse de pensamientos y emociones negativos.

León Los leones simbolizan la independencia, el liderazgo y la valentía. Soñar con un león indica que pronto tomará las riendas de un proyecto importante.

Llave Una llave puede ser símbolo de muchas cosas. Quizá se refiera a una mudanza o incluso a un traslado a otra parte del país, o puede ser una metáfora de que por fin ha descubierto la verdad sobre algo o alguien. Si sueña que utiliza la llave para cerrar una caja fuerte, el cajón de un escritorio o una puerta, podría significar que está guardando las cosas demasiado en secreto y que necesita abrirse un poco más a otras personas. Soñar que encuentra una llave indica que está a punto de descubrir la respuesta a un problema.

Llegar tarde Soñar que llega tarde es muy común, y puede tener varias interpretaciones. Puede significar, por ejemplo, que está luchando por cumplir las expectativas de los demás o las suyas propias. También puede significar que le preocupa perderse algo o incluso que le preocupa envejecer. Por último, también puede interpretarse como una especie de llamada de atención, de advertencia, para que se aplique algo de disciplina antes de que sea demasiado tarde.

Lluvia La lluvia simboliza el perdón y un nuevo comienzo, un poco como si el agua se llevara las cosas malas consigo. Oír o ver llover tiene una connotación espiritual, que puede que indique que se está haciendo más consciente de su lado espiritual.

Lobo Hay dos interpretaciones comunes de un sueño en el que aparecen lobos. Por un lado, un sueño de este tipo advierte de un comportamiento deshonesto y desleal por parte de amistades o familiares. Por otro lado, puede que esté a punto de sufrir pérdidas en los negocios.

Logro Soñar que has conseguido algo indica que le espera una gran alegría al final de una situación o proyecto: cuanto más importante sea el logro, mayor será la satisfacción.

Lombrices Las lombrices suelen simbolizar la ansiedad y el miedo a la muerte, ya sea la propia o la de alguien cercano. Las lombrices negras indican que está negando un problema; si están saliendo de su boca es una señal de que no ha actuado con sinceridad al decir o hacer algo recientemente.

Loro El loro suele ser símbolo de habladurías y chismorreos. Piense en si es usted quien los está haciendo correr. También puede significar que debe tener cuidado porque hay otras personas hablando de usted.

Luna La luna sugiere que no puede ver las cosas con claridad y que se pueden estar produciendo engaños a su alrededor. Este sueño le indica que espere a que las cosas se despejen un poco antes de actuar.

M

Macarrones Los macarrones o cualquier tipo de pasta corta pueden presagiar pequeñas pérdidas; soñar con grandes cantidades de este tipo de pasta, sin embargo, es una señal de que puede ahorrar dinero si tiene algo de cuidado. También es un presagio clásico de la llegada de un desconocido alto y moreno a la vida una mujer: si se trata de algo bueno o no… ¡el tiempo dirá!

Mano Tendrá un montón de personas aduladoras a su alrededor.

Manuscrito Soñar que escribe a mano está relacionado con sus ambiciones, objetivos y deseos. Tal vez tenga demasiadas ganas de alcanzar un objetivo y tiene que ir más despacio y disfrutar del proceso.

Mapa Soñar con un mapa significa que realizará un largo viaje por trabajo o por placer. También se le presentará la posibilidad de participar en una gran aventura.

Margaritas Las margaritas tienen que ver con el amor y la amistad. Tanto si las regala como si las recibe, significan una relación duradera y satisfactoria.

Marinero Soñar con un marinero predice dificultades o retrasos en sus planes. También puede significar que se acerca un viaje largo y emocionante, o bien puede advertirle de que su pareja le va a dejar, posiblemente porque ha dedicado demasiado tiempo a tontear con otras personas.

Martín pescador «Calma», «dignidad» y «majestuosidad» son tres palabras que evoca la imagen de un martín pescador, todas ellas cualidades que puede que necesite demostrar cuando las cosas se pongan difíciles.

Matar ¿Ha estado de mal humor con alguien últimamente? Si es así, ¡puede que sueñe con matar a esa persona! Pero no se preocupe, no significa que vaya a matar a nadie. Es más probable que sea una propuesta para que se detenga un momento y averigüe exactamente cuál es el problema con la otra persona y lo hable con ella. Si en el sueño le matan, es probable que tenga sensaciones de agobio y de que no se le aprecia en la vida real.

Mazmorra Una mazmorra simboliza el peligro y la oscuridad, ya sea para usted o para los que le rodean.

Médico Un médico simboliza obviamente la mala salud, por lo que soñar con uno advierte de que la enfermedad está en camino, ya sea para usted o para alguien cercano a usted.

Miedo Un sueño en el que tiene miedo podría simbolizar su ansiedad actual acerca de algo en su vida consciente. A lo mejor teme no haber tomado la decisión correcta sobre algo o estar haciendo algo incorrectamente.

Mochila Una mochila llena en un sueño indica todas las decisiones, responsabilidades y tensiones que está cargando en este momento. Es el momento de ver si puede liberarse de alguna de ellas. Sin embargo, una mochila vacía simboliza las aventuras que le esperan en el mundo. Es hora de que se arriesgue y las busque activamente.

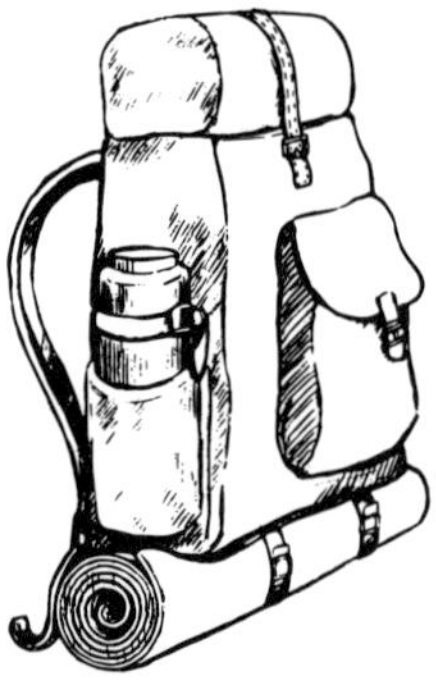

Mochilero/a Si sueña que hace un viaje de mochilero, es probable que tenga mucha confianza en usted. Es independiente, autosuficiente y capaz de cuidarse. Puede que esté reflexionando sobre los obstáculos y problemas que ha superado para llegar a este punto.

MEDICAMENTOS Y SUEÑOS

Los medicamentos que influyen en los neurotransmisores cerebrales, como los antidepresivos y los antihipertensivos, pueden provocar sueños y pesadillas perturbadores en algunos pacientes. Estos son algunos de los fármacos que tienen especial fama de ello:

- **Antidepresivos.** Algunos tipos de antidepresivos conocidos como ISRS, o inhibidores selectivos de la recaptación de serotonina, tienen el conocido efecto secundario de provocar sueños vívidos y perturbadores. Algunos ejemplos son el Prozac (fluoxetina), el Zoloft, el Paxil y la vilazodona.
- **Medicamentos para la tensión arterial.** Los betabloqueantes, que se utilizan para regular la tensión arterial y ralentizar el corazón en caso de fibrilación auricular o angina de pecho, son la principal causa medicamentosa de pesadillas y sueños vívidos. El bisoprolol, el propranolol, el metoprolol, el atenolol y el labetalol son tipos de betabloqueantes que tienen este efecto secundario frecuente.
- **Antihistamínicos.** Las pastillas antialérgicas de venta sin receta también suelen ser causa de pesadillas, en concreto, marcas como Benadryl, Zyrtec, Claritin, Allegra y Aller-Chlor.
- **Esteroides.** Los esteroides como la prednisona y la metilprednisona pueden afectar a la química cerebral, el estado de ánimo y la calidad del sueño, provocando sueños vívidos y perturbadores.
- **Medicamentos para la enfermedad de Parkinson.** La amantadina es un fármaco común utilizado para ayudar a tratar algunos de los síntomas de la enfermedad de Parkinson. Algunos de sus efectos secundarios son la confusión, el insomnio, las alucinaciones y los sueños vívidos, a menudo de naturaleza sexual.
- **Estatinas.** Las estatinas reductoras del colesterol pueden provocar sueños y alteraciones del sueño en algunos pacientes.
- **Medicamentos para el Alzheimer.** El donepezilo y la rivastigmina son dos fármacos utilizados para tratar la demencia en pacientes con Alzheimer que, por desgracia, pueden provocar pesadillas si se toman por la noche.

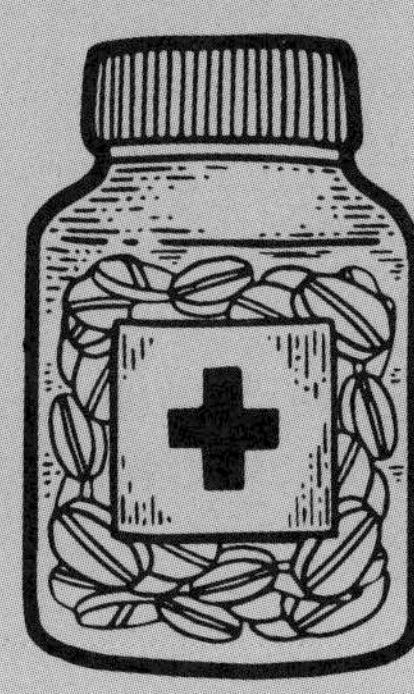

Por supuesto, es necesario señalar que estos medicamentos aportan muchos beneficios a quienes los necesitan; algunos de ellos salvan vidas. Que puedan causar trastornos del sueño o pesadillas no debe ser una razón para dejar de tomarlos.

Monedero Si el monedero está lleno, sufrirá una ligera pérdida; si está vacío, ganará algo de forma inesperada.

Monja Ver a una monja en un sueño significa que disfrutará de algo de tranquilidad en el futuro cercano.

Mono Si ve un mono en sus sueños significa que necesita expresarse con más contundencia sobre algo. Haga que sus sentimientos sean más evidentes para los demás.

Muérdago Es bien sabido que hay que besarse bajo el muérdago. No es de extrañar, por lo tanto, que soñar con muérdago indique que pronto llegarán buenas relaciones.

Muerte Algunas personas sueñan con la muerte de alguien que sigue vivo en el mundo consciente. Un sueño así puede resultar incómodo, sobre todo si se trata de alguien cercano. No significa que esa persona vaya a morir en la vida real, pero puede significar que algo falta en su relación con esa persona, y quizás haya que resolver algún asunto para salvarla. Tener una experiencia cercana a la muerte mientras sueña puede ser muy incómodo, pero se cree que esto muestra que se le está dando una segunda oportunidad en algo, cosa que puede ser más bien un alivio. Soñar que muere también se puede enmarcar positivamente porque puede significar que está al borde de una transformación, a menudo en un sentido espiritual, y que un cambio significativo está a punto de tener lugar.

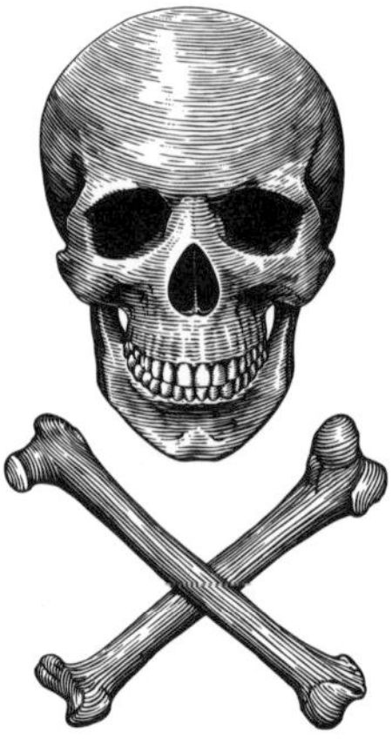

Murciélagos ¿Le preocupa soñar que le rodea una colonia de murciélagos? No tiene por qué: los murciélagos simbolizan el renacimiento, ya que emergen cada día al anochecer. Puede que esté a punto de experimentar un cambio positivo o nuevas oportunidades.

N

Nacimiento Se trata de un sueño habitual, y es una señal de buena suerte, pero también indica algo nuevo que se está poniendo en marcha. Sin embargo, es frecuente soñar con el nacimiento o el parto si realmente se está embarazada, lo que refleja los miedos que surgen de forma natural ante este momento tan importante.

Narcisos Uno de los primeros signos de la primavera. Soñar con narcisos suele significar nuevos comienzos, optimismo y la capacidad de volver a empezar.

Náuseas Soñar que tiene arcadas o que se atraganta significa que está intentando decir algo a alguien, sin conseguirlo. Tal vez no está comunicando lo que realmente siente ante una situación.

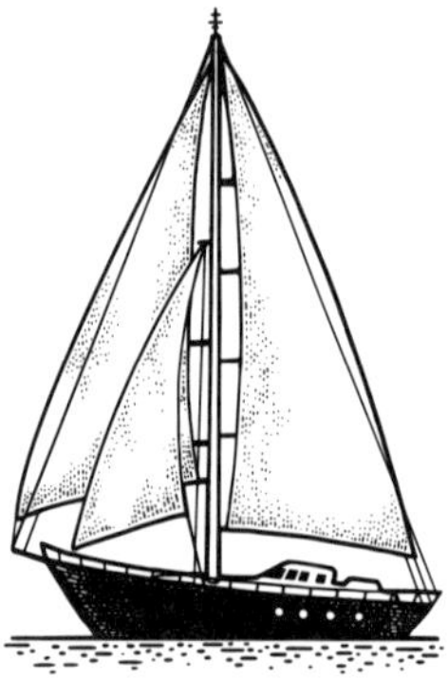

Navegar Un sueño en el que está navegando tiende a ser un reflejo de cómo le va la vida actualmente. Si el barco navega por mares tranquilos, entonces es probable que su vida en este momento vaya «viento en popa». Si, por el contrario, el barco avanza con tiempo tormentoso y mares traicioneros, podría ser que en su vida consciente se enfrente a una situación similar.

Nieve En general, soñar con nieve predice situaciones bastante negativas, como tener aspecto de estar padeciendo una enfermedad aunque no sea cierto, sentir que la vida le ha decepcionado e incluso no poder disfrutar de algo que debería ser agradable. La nieve sucia no es buena para su reputación, y esquiar o ir en trineo significa que va a elegir a una pareja que no le conviene. La excepción a la regla es la nieve derretida, que convierte la infelicidad en alegría.

Niño/a dormido Soñar con un niño o niña que está durmiendo indica que la buena suerte está al caer.

Niño/a que llora Aunque ver a un niño o una niña llorando puede ser algo negativo o difícil en su vida consciente, verlo en un sueño indica que un deseo se va a cumplir. Si está en una fase de sueño profundo, también es posible que haya un niño o niña llorando de verdad en el mundo real y que su subconsciente lo esté oyendo y lo traslade a su sueño en lugar de despertarle.

Niños/as jugando La risa y la alegría de unos niños o niñas que juegan en un sueño es un indicio de que la felicidad está en camino. También puede ser señal de que últimamente se toma las cosas demasiado en serio y necesita relajarse más.

Nuera Si ve a su nuera en sueños, esto es señal de que un incidente inusual e inesperado le dará mucha felicidad o mucha angustia, dependiendo de su comportamiento en el sueño.

O

Obituario Leer su propio obituario en un sueño no significa que vaya a morir; es más probable que signifique que se está infravalorando o que tiene la autoestima baja. Tener que leer un texto sobre sus logros y sobre cómo le ha querido la gente de su alrededor le hará darse cuenta de lo importante que es para los demás.

Oficina Soñar con su oficina es admitir que está haciendo demasiadas cosas. Ha aceptado demasiado trabajo y le resulta difícil separarlo de su vida personal. Es hora de que se tomes unas vacaciones.

Olas Las olas simbolizan los trastornos emocionales, en los que la persona que sueña se debate entre la calma y el pánico. Soñar con olas sugiere la necesidad de respirar hondo, calmarse y decidir en qué dirección se quiere ir.

Orinar Soñar con orinar puede tener varios significados. Por un lado, puede significar que está liberándose de la negatividad que lleva dentro, pero también podría señalar que ha perdido el control de la situación. Si sueña que orina en público, quiere que la gente sepa que su vida personal no tiene nada que ver con ellos. Por último, puede que se despierte y descubra que realmente necesita ir al baño.

Oscuridad La oscuridad se asocia a menudo con símbolos negativos como el mal, la muerte y el miedo. Sin embargo, si en el sueño tiene una sensación de seguridad sobre la oscuridad, es probable que no tenga problemas con no conocer todos los detalles de una situación. Si se ha perdido en la oscuridad, podría ser un indicio de que se siente triste en ese momento y no ve la manera de salir de su situación.

OVNI Ver un OVNI en sueños simboliza un deseo de despertar espiritual. A lo mejor es un tema por el que se ha interesado últimamente. Otra interpretación es que en este momento tenga sensaciones de aislamiento respecto a otras personas, como por ejemplo su familia, sus amistades o sus compañeros de trabajo.

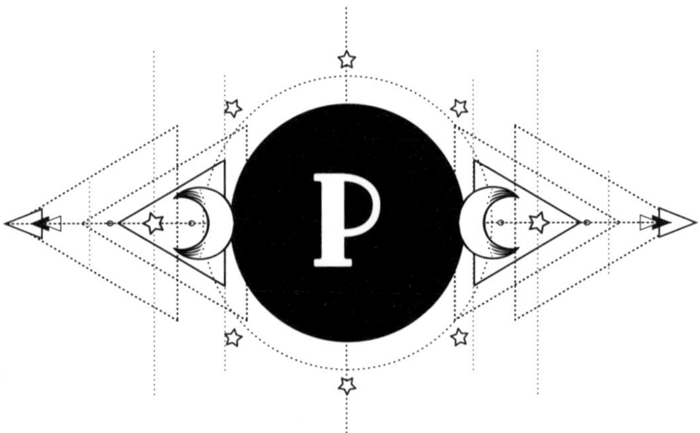

Padre Una figura paterna puede simbolizar autoridad y protección, pero depende de cómo sea su relación consciente con él. Si tiene una relación tensa o distante, que su padre aparezca en su sueño puede implicar que necesita hacer un esfuerzo para conocerle mejor o desarrollar una relación mejor. Si su padre se enfada con usted en su sueño, puede ser señal de que está haciendo algo en su vida consciente que él desaprobaría.

Palmera Ver una palmera en sueños es una señal de esperanza, ya que sugiere que se acerca una época de felicidad. Pasear por una avenida flanqueada por palmeras augura un hogar alegre y cómodo y una pareja fiel; si las palmeras están mustias, le llegarán malas noticias.

Paloma Las palomas siempre han sido un símbolo de paz y felicidad; soñar con palomas indica que estas se acercan y también puede significar felicidad en el amor.

Pan El pan es un presagio de buena suerte, de que habrá suficiente para comer y que los mejores tiempos están por llegar. Si sueña que da de comer pan a patos u otros pájaros, significa que siente una generosidad especial y que piensa en los demás.

Pandilla Si sueña que se enfrenta a una pandilla, es posible que se sienta presionado o intimidado por un grupo de personas en su vida consciente. Soñar que es miembro de una banda puede significar que hace poco ha tratado a otras personas con demasiada dureza.

Papel Si el papel está limpio, indica que su situación mejorará, mientras que si está sucio es señal de que sufrirá injusticias.

Paquete Si sueña que le entregan un paquete, alguien a quien no ve desde hace tiempo le hará una visita. También es posible que le devuelvan el dinero que le deben. Si lleva un paquete, pronto tendrá que realizar una tarea difícil, mientras que si lo deja caer significa que no podrá cerrar un negocio que le interesaba.

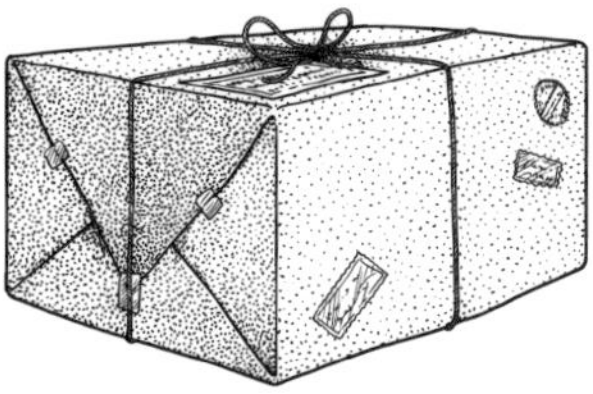

Paracaídas Hay varias formas de interpretar un sueño en el que aparece un paracaídas. Por un lado, este puede verse como algo protector, que proporciona cierta seguridad; por otro, podría simbolizar que es hora de que salga de una situación o abandone un viejo hábito. Si tiene dificultades para abrir el paracaídas mientras cae, debe interpretar el sueño como que alguien en quien confías le está defraudando.

Pavo real Soñar con un hermoso pavo real indica que va a llegarle dinero por parte de su familia.

Pelea Participar en una pelea en sueños simboliza la agitación interior y el conflicto con uno mismo.

Peligro Puede que sea un poco obvio, pero soñar con peligros suele ser una indicación de que hay obstáculos y peligros en su camino en el mundo consciente que necesita sortear.

Pelo El pelo suele ser un signo de virilidad, de fuerza y de atractivo, por lo que soñar que se le cae el pelo indica que le preocupa perder alguna parte de su personalidad. Que otra persona le corte el pelo en el sueño podría reflejar la preocupación de que alguien en su vida consciente le guarde rencor. Otra posibilidad es soñar que el pelo no para de crecer, lo que suele ser señal de que algo le abruma y de que tiene demasiados frentes abiertos.

Perder dinero Soñar esto no es tan malo como podría parecer. En realidad, es probable que signifique que sus planes tendrán un éxito que superará todas sus expectativas.

Perro Un perro es símbolo de lealtad, así que si últimamente ha dudado de la sinceridad de alguien, podría indicar que después de todo esa persona es digna de confianza. Por desgracia, a veces el sueño del perro puede significar que se están extendiendo rumores malintencionados, sobre todo por parte de compañeros de trabajo.

Personas muertas Soñar con personas muertas no es tan aterrador ni tan perjudicial como podría pensarse. Si la persona ha fallecido recientemente y es un familiar o amigo cercano, el sueño puede ser su subconsciente ayudándole a mantenerla «viva» en su mente y a no olvidarla. El sueño también puede permitirle aclarar algún asunto pendiente con la persona fallecida, tal vez una discusión no resuelta. No es infrecuente soñar regularmente con una persona que haya fallecido recientemente, y los sueños pueden servir para asimilar lo sucedido. Los muertos pueden desempeñar otras funciones en sus sueños: a veces están ahí para tranquilizarle y decirle que lo está haciendo bien, mientras que otras veces pueden darle consejos y orientación.

Pies Los pies representan la movilidad, la libertad y la estabilidad, por lo que soñar con sus propios pies puede simbolizar la necesidad de poner los pies en la tierra o de seguir adelante. Evidentemente, tendrá que decidir qué opción es la más adecuada para usted. Si lo que ve en el sueño son los pies de otras personas, probablemente le preocupe demasiado dónde van y lo que están haciendo, así que quizá sea el momento de que se centre en usted y en la dirección que quiere que tome tu vida. Los pies suelen considerarse una metáfora de la prosperidad, y soñar con pies significa dar la bienvenida a esta y a la suerte en su vida.

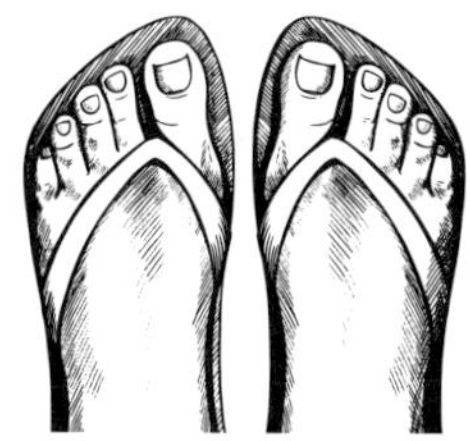

Pies descalzos Soñar que lleva los pies descalzos puede tener un par de significados diferentes. Por un lado, podría significar que se encuentra en un estado de relajación y despreocupación excepcional en ese momento; pero, por otro lado, podría significar que le falta confianza y autoestima. Incluso hay quien interpreta que un sueño con pies descalzos representa la pobreza y la escasez.

Playa Tumbarse en una playa de arena suele ser algo con lo que mucha gente sueña despierta, y soñar con una playa mientras se duerme representa las mismas emociones y sentimientos: la necesidad de relajarse y tomarse las cosas con calma. A lo mejor tendría que haberse tomado unas vacaciones hace tiempo.

Pobreza Paradójicamente, soñar que se vive en la pobreza puede indicar que pronto se producirá un cambio a mejor.

Pozo Los sueños en los que aparece un pozo representan sus ambiciones, capacidades y emociones más ocultas. El sueño indica la necesidad de sacar estas cosas a la superficie para poder empezar a sacar provecho de ellas.

SOÑAR CON SERPIENTES

Tanto si le gustan como si las detesta en la vida real, soñar con una o varias serpientes no es necesariamente cómodo o agradable. Las serpientes pueden interpretarse como símbolos tanto de sanación como de peligro oculto, así que antes de reaccionar al sueño, le aconsejamos que profundice en el simbolismo de estos animales.

Si hay serpientes por todas partes en el sueño, podría ser un símbolo de que algunos miedos inconscientes han tomado fuerza últimamente. ¿La serpiente tiene dos cabezas? Significa que en este momento hay un conflicto en su vida y un dilema que debe resolver. ¿Sueña que la serpiente le muerde? Se trata de un sueño frecuente y es una especie de mal presagio: le advierte de que debe protegerse de las personas, situaciones o cosas que le suponen un peligro inmediato. La cuestión es saber dónde le ha mordido la serpiente.

Por ejemplo:

- **Mordedura desde atrás**: le advierte de un ataque que le pillará por sorpresa o de que le atacarán personas cuya identidad desconoce.
- **En la mano**: este sueño está relacionado con amistades o personas en las que confía pero que le van a traicionar. Si la mordedura está en la mano derecha, la traición vendrá de alguien cercano a usted, mientras que una mordedura en la mano izquierda simboliza a alguien que no está en su círculo más cercano, pero en quien aun así confiaba.
- **En la cara**: esto predice un ataque personal. Si el mordisco está cerca de la boca o de la garganta, podría significar que alguien quiere mantenerle en silencio, por lo que quizás ha estado hablando demasiado para su gusto.
- **En el pie**: una mordedura de serpiente en el pie simboliza que no tiene libertad de movimientos. Puede que encuentre obstáculos en su camino o que alguien bloquee sus objetivos.
- **Una serpiente en el pelo**: indica que puede que se esté obsesionando demasiado con sus pensamientos. Es una señal para que preste más atención a quién y qué le rodea.

El lugar que acoge la serpiente que ve en el sueño también tiene muchas interpretaciones:

- **En la cama**: suele tener connotaciones sexuales. Puede significar que necesita explorar más su sexualidad reprimida y sus deseos.
- **Debajo de la cama:** se refiere a cosas que están ocultas o peligros de los que no es consciente.
- **En casa**: muestra que hay algún problema que le pilla muy de cerca.

¿Qué hace la serpiente en el sueño?

- **Le persigue**: si le persigue una serpiente, es probable que esté huyendo de algo. También es posible que esté intentando evitar algo en su vida, o algo sobre usted que no quiere reconocer.
- **Nada en el agua**: representa una amenaza para su estabilidad emocional.
- **Serpiente en un coche**: simboliza el camino que tiene por delante; quizás algo o alguien intente interponerse en su camino.
- **Mata a la serpiente**: si sueña que está matando a una serpiente, entonces es capaz de imponerse a la amenaza y puede vencerla.
- **Muda de piel**: si sueña que una serpiente muda de piel, es un posible presagio de muerte y renacimiento. El proceso, llamado ecdisis, puede interpretarse como señal de crecimiento, cambio y transformación mentales; quizás se está desprendiendo de los aspectos negativos para que pueda desarrollarse lo nuevo y lo positivo.
- **Huevos de serpiente**: a veces, los huevos de serpiente aparecen en sueños cuando está a punto de producirse un cambio.
- **Se convierte en ser humano**: una serpiente que se convierte en persona puede sugerir una transformación o una posible amenaza latente.
- **Está enroscada en su cuerpo**: es un símbolo de curación o renacimiento. Si la serpiente representa una amenaza, puede ser un símbolo de las personas que le drenan.
- **Come o traga**: estos sueños pueden ser un símbolo de transformación personal.
- **Se cruza en su camino**: cuando una serpiente se cruza en su camino o es consciente de su presencia, esto le advierte de que el peligro acecha a su alrededor. Puede haber personas peligrosas cerca de usted a las que no esté considerando necesariamente una amenaza.

El color de la serpiente:

- **Rojo**: ira, emociones, pasión, rabia, sangre y lujuria.
- **Verde**: envidia, codicia, finanzas, armonía, renovación y crecimiento.
- **Amarillo**: intelecto, cautela y celos.
- **Negro**: la sombra o el lado oscuro de tu naturaleza, o bien las amenazas desconocidas que le acechan en la sombra.
- **Blanco**: pureza, inocencia, transformación, luz y seguridad.
- **Marrón**: le conecta con la tierra, la madre naturaleza y la energía femenina.
- **Naranja**: intelecto, ingenio, espontaneidad, generosidad, optimismo, ganas y audacia.
- **Dorado**: conecta con el alma o el yo, símbolo de sabiduría y conocimiento.
- **Violeta**: poder, creatividad, sabiduría, dignidad, grandeza, arrogancia y realeza.

Profesor/a Soñar con un profesor o profesora (pasado o futuro) indica que necesita consejo o ayuda sobre algún tema. También podría significar que está buscando que alguien le dé su aprobación sobre algo.

Puente Si ve un puente en su sueño, significa que sus problemas pasarán pronto. Un puente también puede ser un símbolo de que está avanzando y dejando atrás cosas negativas.

Puerta Ver una puerta abierta en sueños y atravesarla indica que está entrando en una nueva fase de su vida. Una puerta cerrada indica que aún no le ha llegado el momento de seguir adelante.

Puerta trasera Una puerta trasera simboliza la necesidad de buscar un poco más para encontrar una respuesta a un problema. A veces, la solución puede no ser obvia. El sueño también puede indicar que está tratando de encontrar atajos.

Q

Quemaduras Las quemaduras pueden ser muy dolorosas en la vida real; soñar con quemaduras, en cambio, significa que el éxito y el fin de sus problemas están a la vuelta de la esquina.

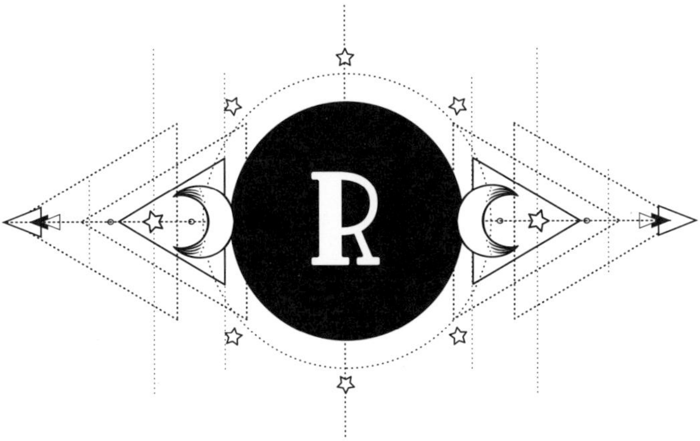

Ramo de flores Aunque recibir un ramo de flores precioso en la vida consciente puede ser agradable, recibirlo en sueños significa que habrá una ligera decepción. Quizás la advertencia sea que no hay que tomarse las cosas al pie de la letra y preguntarse cuál es la motivación que hay detrás de un hecho.

Ratas Ver una rata en un sueño es señal de sentimientos de culpa, tristeza o envidia; debería tomarse un tiempo para identificar cómo se siente sobre la situación actual. También puede ser una advertencia para que no confíe en una «rata» que va a llegar a su vida.

Ratones Los ratones, los hámsteres, las ardillas rayadas, los jerbos y los animales pequeños en general indican que se avecinan pequeños problemas y molestias.

Reclusión Soñar con que alguien le retiene en algún lugar tiene algunas conexiones obvias con sentimientos de inmovilidad en su vida consciente, quizás provocados por una relación, un trabajo o una situación económica.

Reflejo Un sueño en el que ve su propio reflejo indica que ha llegado el momento de mirar hacia adentro con sinceridad, reconociendo tanto lo bueno como lo malo. El objetivo no es que se castigue por sus defectos, sino que aprenda de ellos y pueda trabajar para mejorar personalmente. También es una oportunidad para que aprecie las cosas buenas de su carácter y personalidad. ¿Ha soñado que no podía ver su reflejo en el espejo? Eso indicaría que recientemente ha perdido parte de su identidad o que está cambiando y tal vez abandonando una parte de usted por otra persona. Ver el reflejo de otra persona en lugar del suyo indica que ahora mismo no sabe quién es, lo que indica, a su vez, que tiene que hacer un poco de introspección.

Regalos Un sueño en el que recibe muchos regalos significa que está a punto de vivir un contratiempo. Será necesario que tenga cuidado. También puede ser una advertencia para que no se meta en una situación con la que le resultará difícil lidiar.

Reloj Esto indica que hay asuntos importantes que requieren atención. También es señal de que se avecinan acontecimientos que serán cruciales y con los que tendrá que tener cuidado.

Riesgo Soñar con estar en peligro o en una situación de riesgo es a menudo una indicación de que necesita tomar precauciones acerca de algo o alguien en su vida consciente. Tal vez está corriendo demasiados riesgos con sus sentimientos, su seguridad o su dinero.

Ropa de bebé Soñar con ropa de bebé es un indicio de que hay viejos hábitos y formas de comportarse que ya ha dejado atrás.

Rosa damascena Ver un arbusto de rosa damascena en sueños es señal de relaciones felices. Si recibe un ramo de estas rosas en el sueño, significa que está a punto de descubrir el amor verdadero.

Rosa El éxito social está al caer; puede esperar un ascenso en la escala social.

Rueda Si ve una rueda en un sueño, señal de que pronto experimentará un cambio a mejor.

S

Sal En muchas tradiciones, la sal se considera una protección contra el mal, por lo que soñar con este elemento puede indicar que tiene que tener cuidado y buscar protección.

Saltar Saltar desde un acantilado al océano simboliza arriesgarse e ir a por todas. Si en el sueño no le pasa nada, el consejo sería que se arriesgue. Si, por el contrario, el sueño no acaba bien, podría ser una señal de que necesita tomarse más tiempo para considerar todos los pros y los contras antes de arriesgarse.

Secuestro Soñar que le secuestran indica que hay circunstancias o personas en su vida que le controlan o manipulan. Esto le hace sentir que ha perdido el control y le genera sensaciones de indefensión.

Sexo Soñar con sexo no tiene por qué tener su interpretación más evidente. Puede tratarse simplemente de una reacción física por el hecho de haberse relajado, cosa que a veces desencadena una cierta excitación sexual. Al parecer, es más probable que esto ocurra si duerme boca abajo debido a la presión sobre los órganos sexuales. Otra interpretación es que quizás necesite sentirse cerca de alguien o sentir que le parece atractivo o atractiva a otra persona. Si sueña que tiene relaciones sexuales con alguien que conoce (pero que no es su pareja), no significa que quiera acostarse con esa persona (aunque puede que le dé algo de vergüenza la próxima vez que la vea), sino más bien que quiere tener la oportunidad de conocerla mejor (platónicamente).

Sol Sus esfuerzos tendrán recompensa; aprobará los exámenes, cumplirá sus objetivos.

Soltero Encontrarse con un soltero en un sueño sugiere que está buscando la libertad en su vida amorosa. Para un hombre, soñar que está soltero indica que está teniendo dificultades para entender quién es o para sentirse libre en una relación. Otra posibilidad es que soñar con un hombre soltero represente su lado masculino y sea una señal de que necesita controlar sus emociones.

Sordera Si no es una persona sorda en la vida real pero sueña que sí lo es, quiere decir que siente que algo que es importante para usted está siendo ignorado o desatendido. No puede comunicar su frustración y dolor, lo cual empeora la situación. Por otra parte, un sueño de este tipo puede señalar que no quiere escuchar algo que otras personas le están diciendo, y que está huyendo de reconocer la verdad de algo.

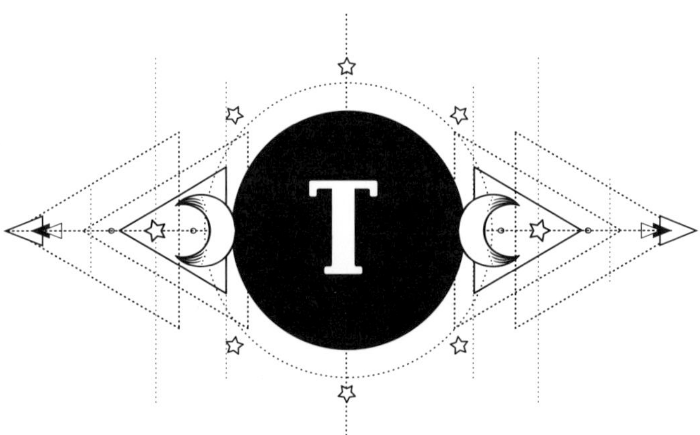

Tapiz Los tapices simbolizan el lujo, el confort y la elegancia. Soñar con uno que está roto y dañado indica que desea estos lujos, pero que ahora no se los puede permitir.

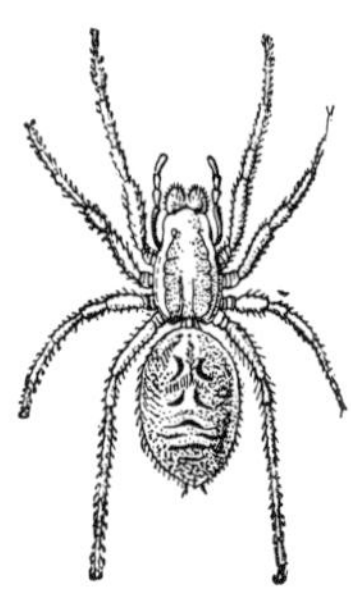

Tarántula Su lado oscuro, peligroso y siniestro está simbolizado por una tarántula. Soñar con una puede indicar que últimamente no ha sido muy amable con los demás y que necesita mostrarles su lado más tierno.

Tarro Un tarro vacío denota escasez de dinero e infelicidad, mientras que un tarro lleno significa éxito. Si en el sueño compra un tarro en una tienda, tendrá éxito, pero solo después de mucho trabajo. Los tarros rotos indican problemas de salud u otras decepciones.

Tarta Darse cuenta de que no tiene que hacerlo todo usted y que puede compartir la carga con amistades y familiares puede llevarle a soñar con una tarta. Sin embargo, una tarta a medio comer hace referencia a las oportunidades perdidas o al fracaso a la hora de aprovechar determinadas oportunidades.

Tatuaje Como ocurre con los tatuajes en la vida real, a menudo simbolizan la creatividad o el deseo de destacar entre la multitud; tal vez se sienta limitado o limitada en su vida consciente en este momento y sea incapaz de expresarse. El diseño del tatuaje también puede ser relevante. Un tatuaje de un dragón indica que quiere llamar la atención, mientras que el as de diamantes indica que siente orgullo por sus logros recientes y quiere que los demás los reconozcan.

Taxi Si en su sueño está parando un taxi, se puede interpretar como una sugerencia de que necesita pedir ayuda para poder seguir adelante. Si ya está montado en el taxi, sin embargo, podría significar que le están tomando el pelo, que alguien se está aprovechando de usted y que necesita pararse a pensar bien quién podría ser.

Té Paz, tranquilidad, serenidad, descanso y relajación: estos son los términos que nos vienen a la mente cuando soñamos con tomar una taza de té. Puede que sea un reconocimiento de que muchas cosas han ocupado su tiempo últimamente y apenas ha tenido un momento para hacer una pausa. Si en el sueño está observando una ceremonia del té o visitando una plantación de té, quiere decir que ha llegado el momento de lanzarse a la aventura. Leer hojas de té en el sueño es un reconocimiento de que su conciencia espiritual está evolucionando.

Tejo Aunque estos árboles se asocian con los cementerios, también están relacionados con la longevidad, porque pueden llegar a vivir muchos años.

Telegrama Si aparece un telegrama en un sueño, es posible que reciba noticias inesperadas. Las noticias deberían de ser buenas.

Tetera Ver teteras en un sueño sugiere que tiene mucho trabajo que hacer, y que no será fácil sacarlo adelante. Una tetera hirviendo es un buen augurio, ya que indica que las cosas pronto cambiarán para mejor. Una tetera rota indica fracaso y decepción. El color de la tetera es importante: si es claro, su futuro será fácil y agradable, pero si es negro, habrá una decepción amorosa.

Tierra Un sueño en el que aparece la tierra le está diciendo que necesita tener los pies en la misma y ser más racional. Pero, por otra parte, si la tierra se abre, como en un terremoto, puede indicar un proyecto o una situación sentimental que no le conviene y que teme comenzar.

Tigre Cuando aparece un tigre quiere decir que un peligro oculto le amenaza.

Toga y birrete Llevar toga y birrete en sueños indica que está pasando a una nueva etapa en su vida; es, por lo tanto, señal de progreso. Ver a alguien con toga y birrete simboliza sus éxitos y logros.

Trabajo Soñar con su trabajo significa que está lidiando con muchas cosas en este momento: quizás se encuentra en medio de un proyecto difícil o está trabajando con plazos muy ajustados. Si el sueño está relacionado con la búsqueda de un nuevo trabajo, es probable que signifique que no está satisfecho con algún aspecto de su vida actual y que busca más emociones. Perder un trabajo durante un sueño apunta a la inseguridad que podría estar sintiendo sobre su puesto de trabajo actual.

Travesía «La vida es una travesía», o eso dicen. El significado obvio de soñar con este tema es que se trata de un reflejo de su vida consciente. Por ejemplo, es posible que esté emprendiendo un nuevo camino para descubrir quién es. Una travesía también implica dejar atrás algo o un lugar, cosa que necesitará hacer si quiere aceptar plenamente el futuro.

Tristeza Un sueño en el que está triste puede ser un reflejo de cómo se siente en el mundo consciente. Es una indicación de que necesita identificar aquellas cosas que le hacen feliz y centrarse más en ellas, al tiempo que intenta sacar de su vida aquellas que le entristecen.

Tumba Puede ser que relacione soñar con una tumba con cosas negativas, pero en realidad indica que le espera una vida larga y feliz.

Túnel Si una persona cercana a usted se encuentra mal, necesitará de toda la ayuda posible para salir adelante: ese es el triste mensaje que transmite un sueño en el que aparece un túnel.

V

Vaca Soñar con vacas significa prosperidad, ya que en muchas tradiciones están relacionadas con la riqueza.

Vela La llama de una vela se utiliza en meditación para crear una sensación de paz, tranquilidad e iluminación, y dentro de un sueño cumple el mismo propósito. Una vela apagada indica decepción y falta de acción; si está intentando encender la vela pero no lo logra, tal vez sienta tristeza por la pérdida de una persona o de una oportunidad. Una vela encendida también puede indicar un nacimiento en la familia, mientras que una vela apagada representa la muerte de una persona en su círculo familiar o de amistades.

Veneno El veneno en un sueño simboliza la ira, las emociones negativas y el comportamiento destructivo de otra persona hacia usted. Ha llegado el momento de enfrentarse a la verdad sobre alguien que creía cercano.

Ventana Una ventana abierta muestra que un problema se resolverá pronto, mientras que una cerrada advierte de un peligro inesperado, aunque estará a salvo. Una ventana rota significa que una amistad o una relación de pareja se ha agriado de tal forma que ya no puede repararse.

Viaje Si sueña que viaja, le espera un viaje inminente y muy importante.

Volcán ¿Está rabioso o furioso por algo que le ha estado molestando durante mucho tiempo? Quizás por eso sueña con un volcán en erupción. Si está inactivo querrá decir que por fin ha encontrado paz después de una fuerte discusión, o tal vez ha decidido que alguien ya no le va a molestar más.

VOLAR

Soñar que vuela, quizás sobrevolando su vida cotidiana y su casa, puede ser positivo o negativo. Por un lado, soñar que vuela puede hacerle sentir libre sin preocupaciones. Por otro, puede indicar una necesidad de alejarse de las realidades de la vida cotidiana. Las personas que se sienten limitadas por la sociedad son más propensas a soñar con volar, lo cual ilustra la necesidad de liberarse de los valores dominantes. Otra posibilidad es que un sueño en el que se vuela indique la necesidad de romper o cortar lazos con alguien o con algún lugar.

Los sueños en los que se vuela pueden formar parte de una experiencia extracorpórea, en la que el alma o el espíritu de la persona realiza un viaje y regresa más tarde al cuerpo dormido.

Z

Zafiro Ganancia o un golpe de suerte, y acierto al elegir tu pareja.

Zombi Si sueña que es un zombi o que estos le rodean significa que siente una gran desconexión con la realidad.

Zorro Sus planes tendrán éxito más allá de sus expectativas. Además, tenga cuidado con la gente astuta y los traidores.

7

LOS SUEÑOS EN EL ARTE Y LA LITERATURA

Las personas que se dedican a la literatura y al arte saben que la inspiración puede ser difícil de encontrar. Por suerte, a veces la mente trabaja en el problema mientras dormimos, y encontramos la respuesta que buscábamos en un sueño. A veces, los propios sueños son la respuesta, como cuando Lewis Carroll consiguió que el mundo fantástico que había elaborado pareciera verosímil porque todo sucede en la mente soñadora de la joven Alicia.

A continuación encontrará algunos ejemplos famosos de sueños que aparecen en obras de ficción y arte occidentales.

En la literatura

«Morir, dormir, quizá soñar; ¡ay! He ahí el enigma, porque en ese sueño de muerte las visiones que lleguen…». William Shakespeare (*Hamlet*).

Los sueños son un tema común tanto en la literatura moderna como en la clásica. Pueden ser un recurso narrativo útil para los autores, ya que pueden revelar información sobre un personaje. A través de un sueño, los lectores pueden conocer los pensamientos más íntimos del o de la protagonista, incluidos sus deseos y temores. Los sueños también son útiles para presagiar cosas que pueden ocurrir durante la historia o para revelar un *flashback* que será relevante para la trama.

1984, George Orwell

En 1984, la novela distópica de George Orwell, el Estado vigila constantemente todos los aspectos de la vida de Winston Smith. Ni él ni el resto de la población pueden hablar o relacionarse libremente; sus movimientos están restringidos y siempre son observados, y nada, ni siquiera los susurros de hablar con uno mismo, escapan a la telepantalla que todo lo ve y todo lo oye. Un aspecto de la vida de Smith que el Estado no puede controlar son sus sueños. Así, por ejemplo, en un momento sueña que camina por una habitación completamente a oscuras y alguien sentado a su lado le dice al pasar: «Nos encontraremos en el lugar donde no hay oscuridad».

Cumbres borrascosas, Emily Brontë

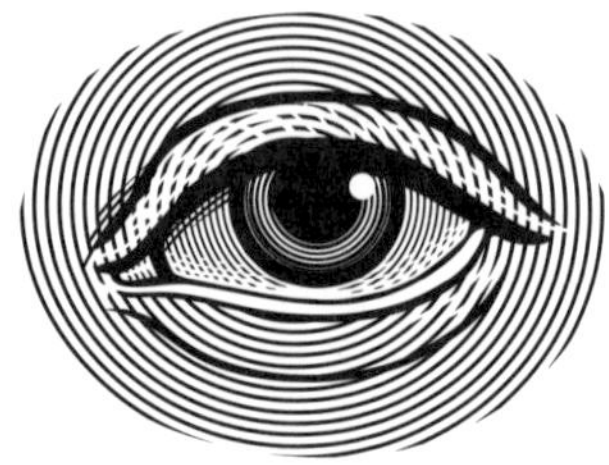

Como es propio de una novela gótica, los sueños que aparecen en *Cumbres borrascosas* son de tipo sobrenatural. Esto es especialmente cierto en el sueño de Lockwood, en el que Catherine aparece como un fantasma que rondará la casa para siempre y se asegurará de que nadie sea feliz.

También hay varias ocasiones en el libro en las que los personajes se dejan guiar por sus sueños; por ejemplo, Catherine acepta una propuesta de matrimonio tras soñar que va al cielo:

> He soñado en mi vida sueños que se han quedado conmigo para siempre, y han cambiado mis ideas: han pasado a través y a través de mí, como el vino a través del agua, y han alterado el color de mi mente. Y este es uno: voy a contarlo, pero ten cuidado de no sonreír en ninguna parte.

Cuento de Navidad, Charles Dickens

A lo largo de la historia, Scrooge recibe la visita de una serie de apariciones oníricas, todas las cuales enseñan al anciano algo sobre la compasión, la bondad o la generosidad. Por suerte, estas visiones tienen un efecto positivo en el protagonista, y Dickens nos regala un final feliz.

El sueño de una noche de verano, William Shakespeare

Por supuesto, con un título que incluye la palabra «sueño», cabe esperar que esta obra clásica de Shakespeare incluya una cantidad importante de sueños. Sin embargo, si nos guiamos por las palabras de Bottom, es posible que el autor no diera mucha importancia al significado de los sueños: «¡He tenido un sueño que ni el hombre más hábil podría narrarlo! ¡Si lo intentara, sería un asno!».

Y, por supuesto, todo se explica cuando Puck nos dice al final de la obra que toda la representación no había sido más que un sueño.

Jane Eyre, Charlotte Brontë

A pesar de que Jane Eyre no es muy defensora de las fantasías y los sueños, la novela está llena de referencias importantes a sueños. Por ejemplo, hay una escena en la que Rochester elogia a Jane por la calidad de sus tres acuarelas de paisajes y Jane afirma que «los temas surgieron vívidamente en mi mente», a lo que Rochester responde: «Me atrevo a decir que te encontrabas en una especie de país onírico de artista mientras los mezclabas y componías».

Oliver Twist, Charles Dickens

Dickens hace un interesante comentario sobre lo que denomina «estado de somnolencia»:

> Existe un estado de sopor, intermedio entre la vigilia y el sueño, durante el cual sueña el hombre más en cinco minutos, con los ojos medio entornados y medio dándose cuenta de todo lo que en torno suyo pasa, que en cinco noches pasadas con los ojos completamente cerrados y sumidos todos los sentidos en una inconsciencia absoluta. En esas ocasiones es cuando el hombre puede formarse una idea ligera de las portentosas facultades del espíritu, que, desligado de las trabas que a sus operaciones opone la envoltura material, lánzase lejos de la tierra y se burla del tiempo y del espacio.

Kubla Khan, Samuel Taylor Coleridge

Coleridge consumió opio para aliviar un problema de salud, y el sueño que tuvo mientras estaba en un trance inducido por esta droga le llevó a escribir su famoso poema *Kubla Khan.*

El cuervo, Edgar Allan Poe

> Escudriñando con atención estas tinieblas, durante mucho
> tiempo quedé lleno de asombro, de temor, de duda, soñando
> con lo que ningún mortal se ha atrevido a soñar;

El clásico poema gótico de Edgar Allan Poe describe a un hombre que, a punto de caer en un sueño profundo, es interrumpido por unos toques en la puerta, pero al ir a abrirla no encuentra nada ni a nadie al otro lado. Lo que sigue es un monólogo dedicado a un cuervo negro que se convierte en el protagonista del poema. No se ha llegado a un consenso sobre si el cuervo representa un sueño o es un símbolo de duelo.

Rebeca, Daphne du Maurier

> Anoche soñé que regresaba a Manderley. Estaba ante la verja de
> hierro, pero no podía entrar.

Esta primera frase de la famosa novela *Rebeca* es una de las más premonitorias de la historia de la literatura. La entrada de la narradora a Manderley le está vedada, al menos metafóricamente, por la presencia fantasmal de Rebeca. Este arranque es también un primer indicio de la importancia que los sueños tendrán en la historia.

El hombre invisible, H. G. Wells

Esta famosa cita de *El hombre invisible,* de H. G. Wells, es un buen ejemplo de la delgada línea que pueden trazar los personajes entre estar totalmente inmersos en un sueño y ser conscientes de que lo que están viviendo no es real: «Se despertó en plena noche soñando con enormes cabezas, blancas como nabos, con grandes ojos negros, que la perseguían desde el extremo de cuellos de un largo interminable. Sin embargo, como era una mujer sensata, dominó sus temores, se dio la vuelta y se durmió de nuevo».

La isla del tesoro, Robert Louis Stevenson

Robert Louis Stevenson soñó con *El extraño caso del Dr. Jekyll y el Sr. Hyde* y escribió el libro poco después. Dejemos la última palabra (literaria) sobre sueños a *La isla del tesoro*...

> Muchas han sido las noches que he soñado con queso, tostado mayormente (...)

En el arte

Desde la Edad Media, los artistas han buscado representar sueños, fantasías y pesadillas. Entre los siglos XIV y XVI, los artistas del Renacimiento se inspiraron en los antiguos filósofos griegos y romanos para intentar visualizar lo que sucede cuando dormimos. En los siglos XVII y XVIII, los artistas de la Ilustración empezaron a interesarse más por la razón y la racionalidad y el impacto de estas en los sueños. En el siglo XIX, el Simbolismo y el Romanticismo recurrieron al erotismo, la fantasía e incluso la muerte para representar los sueños. El movimiento surrealista del siglo XX rompió con las tradiciones de la racionalidad para producir un arte onírico que daba rienda suelta a la creatividad y la irracionalidad.

La visión de Tondal (1520-1530), El Bosco

Se trata de una obra inquietante, casi alucinatoria, inspirada en el poema medieval que lleva el mismo nombre. El caballero rebelde del poema sueña con una visión del infierno y después busca su redención moral. En el cuadro se usan criaturas monstruosas y un fondo grotesco que representa el infierno para ilustrar el sueño (o, mejor dicho, la pesadilla) del caballero.

Apolo durmiendo, Musas y Fama (1549), Lorenzo Lotto

Del mismo modo, esta obra maestra representa a un Apolo dormido y desnudo. Un ángel vuela sobre él mientras un grupo de musas baila discretamente.

El sueño de la razón produce monstruos (1799), Francisco de Goya

Goya utiliza imágenes de criaturas rapaces como forma de criticar lo que considera una sociedad irracional, supersticiosa y anticuada que necesita reformas.

Pesadilla (1781), Henry Fuseli

El cuadro representa a una mujer tumbada en la cama con un demonio mítico sentado en su pecho y un enorme caballo con las fosas nasales dilatas que asoma la cabeza desde detrás de una cortina. Esto escandalizó a la sociedad de la época y muchos expertos consideran el cuadro un precursor de las teorías psicoanalíticas de Sigmund Freud.

La gitana dormida (1897), Henri Rousseau

Una mujer duerme en el desierto y un león le lame la cara. Sin embargo, las cosas no son tan sencillas como parecen: el león ¿forma parte del sueño de la mujer? ¿O es real y, por tanto, ella está en peligro? ¿Está realmente dormida y soñando, o es la propia imagen un sueño?

Sueño causado por el vuelo de una abeja alrededor de una granada un segundo antes de despertar (1944), Salvador Dalí

Con un título tan descriptivo, quizá está pensando que es fácil adivinar los motivos que aparecen en esta obra maestra. Sin embargo, ¿habría imaginado a una mujer desnuda (la mujer del artista) durmiendo sobre una roca en el mar, con dos tigres y un rifle volando hacia ella? Los tigres y el rifle están saliendo de la boca de un pez, que a su vez ha salido de una granada resquebrajada. Ah, y también hay un elefante blanco de larguísimas patas, que lleva lo que podría ser un gran cristal a la espalda, caminando por el cielo. ¡Este es uno de esos sueños que recordará al día siguiente!

CONCLUSIÓN

Llegamos al final de nuestro viaje onírico, en el que nos hemos detenido a observar los motivos biológicos, psicológicos y místicos por los que soñamos. Hemos aprendido un poco sobre cómo funciona el cerebro y por qué nos hace soñar, y también hemos indagado sobre cómo las emociones y las experiencias influyen en lo que soñamos.

Desde los sueños sobre acordeones a las pesadillas protagonizadas por zombis, hemos explorado una gran variedad de los temas, ideas y símbolos que habitan nuestros sueños y nos dejan con un mar de dudas al despertar. Esperamos que el contenido de este libro le haya aclarado algo sobre el contenido de sus sueños y le haya inspirado a intentar recordarlos más a menudo y a dejarse guiar por los mensajes que está intentando transmitirle.

¡Buenas noches, y que tenga dulces sueños!

ÍNDICE ALFABÉTICO

Nota: los términos en **negrita** indican temas/ significados de los sueños.

ÍNDICE ALFABÉTICO

CRÉDITOS DE LAS IMÁGENES

Interior:
Imagen superior (s), central (c), inferior (i)

134 (i) cortesía del Museo Metropolitano de Arte

Shutterstock: 6 © Vlada Young; 8 © mamita; 14 © Blamb; 16 © artellia; 17 © Mika Besfamilnaya; 18 © antonpix; 20 © Alex Rockheart; 23, 75, 133 (s) © Danussa; 24 © Luca Mendieta; 25, 33 (s) © intueri; 26 © Natata; 30 © KASUE; 32 © Olexander Zahozhyy; 33 (i) © MysticaLink; 34 © StockAppeal; 35 © Iuliia Maltseva; 37 © Tvvins; 38, 73 (c), 97 (i), 104 (i), 133 (i) © Kseniakrop; 39 © Monster_ Design; 40 © SJ Shutter; 41 (inferior), 43 (inferior), 56, 62, 63, 71 (inferior), 72 (superior), 73 (inferior), 76 (superior), 78 (superior), 101, 112, 118 (i), 126, 130 (i), 131, 132 © Morphart Creation; 41 (superior) © chelovector; 42, 100 (i) © Slonomysh; 43 (superior) © Naci Yavuz; 47 © Peratek; 48 © Sentavio; 51 © Diriza; 52, 80 (i), 81, 93 (s), 94 (i), 100 (s), 103, 105 (i), 113, 114 (s), 134 (s) © Alexander_P; 53 © Nattle; 54 © Croisy; 55 © Ivan Baranov; 58 © Olga Rutko; 59 © Viktoriia_M; 61, 136 © Nadezhda Shuparskaia; 64 (inferior) © AVA Bitter; 64 (superior) © aksol; 65 (inferior) © Marina Baskakova; 65 (superior) © vectortatu; 66 © Elena Pimonova; 67 (inferior) © frescomovie; 67 (central), 68, 74, 78 (central), 80 (s), 104 (s), 108 (s) © Bodor Tivadar; 67 (superior) © Dmitry Natashin; 69 © Babich Alexander; 70 © Olha Saiuk; 71 (superior) © Eroshka; 72 (inferior), 82 © grop; 73 (superior) © andrey oleynik; 76 (i), 130 (s) © lestyan; 77, 85 (s) © Evgeny Turaev; 78 (i) © Hoika Mikhail; 79 (i) © Golden Shrimp; 79 (s) © MoreVector; 83 © Marzufello; 84 (i) © Vorobiov Oleksii 8; 84 (s) © mastapiece; 85 (i), 89 © Mila Petkova, 124 (i) © Christos Georghiou; 87, 108 (c), 115 (s) © RetroClipArt; 90 (i), 120 © Marzolino; 90 (s) © Polina Erofeeva; 91 © Epine; 92 © Juli Gin; 93 (i) © sar14ev; 94 (s) © Sketch Master; 95 © Svet_Lana; 97 (s) © Vector Tradition; 98 (i), 105 (s), 115 (i) © Hein Nouwens; 98 (s) © Sowlis; 99, 124 (s) © Istry Istry; 102 © VectorKid; 106, 110 © Artur Balytskyi; 107 © BTSK; 108 (i) © pikepicture; 111 © Olor688; 114 (i) © Ekonst; 118 (s) © IADA; 119 (i) © bioraven; 119 (s) © Julia Waller; 127 © T.mar; 129 © chempina; 135 © CoSveta; dibujos celestiales en las portadas de los capítulos © Kirill.Veretennikov; marcos de las letras del diccionario, 50 © Gorbash Varvara; formas geométricas en las portadas de los capítulos © AuraArt; ornamentos en las páginas de inicio de las partes © Tanya Antusenok; estrellas utilizadas en las portadas de los capítulos © AnnAnastasia; sol y luna en las páginas que contienen el título de los capítulos © Arelix

ACERCA DE LA AUTORA

Angela Mogridge es una profesora y escritora a la que le gusta indagar en el autocuidado y el aprendizaje espiritual. La búsqueda de esa escurridiza sensación de paz y tranquilidad ha llevado a Angela a la meditación, el yoga, la aromaterapia y la atención plena. En consonancia con su profesión de educadora, a Angela le apasiona ayudar a los demás a encontrar algo que les permita dar lo mejor de sí mismos, ya sea en la educación, en su carrera o en su vida en general. Guiada por una curiosidad insaciable, Angela intenta asegurarse de aprender algo nuevo cada día y ha disfrutado enormemente de su incursión en el mundo de los sueños para traerte este libro.